BOLETIM VIDA ESCOLAR

UMA FONTE E MÚLTIPLAS LEITURAS SOBRE A EDUCAÇÃO NO INÍCIO DO SÉCULO XX

Ana Maria de Oliveira Galvão
Eliane Marta Teixeira Lopes
(ORGANIZADORAS)

BOLETIM VIDA ESCOLAR

UMA FONTE E MÚLTIPLAS LEITURAS SOBRE A EDUCAÇÃO NO INÍCIO DO SÉCULO XX

autêntica

CAPA
Alberto Bittencourt

REVISÃO
Renata Sangeon
Lira Córdova

PROJETO GRÁFICO
Conrado Esteves

EDITORAÇÃO ELETRÔNICA
Conrado Esteves

EDITORA RESPONSÁVEL
Rejane Dias

Revisado conforme o Novo Acordo Ortográfico.

AUTÊNTICA EDITORA LTDA.

Belo Horizonte
Rua Aimorés, 981, 8° andar . Funcionários
30140-071 . Belo Horizonte . MG
Tel.: (55 31) 3222 68 19

Televendas: 0800 283 13 22
www.autenticaeditora.com.br

São Paulo
Av. Paulista, 2073 . Conjunto Nacional
Horsa I . 11° andar . Conj. 1101
Cerqueira César . 01311-940 . São Paulo . SP
Tel.: (55 11) 3034 44 68

Apoio:

FAPEMIG

Dados Internacionais de Catalogação na Publicação (CIP)
(Câmara Brasileira do Livro, SP, Brasil)

Boletim Vida Escolar : uma fonte e múltiplas leituras sobre a Educação no início do século XX / Ana Maria de Oliveira Galvão, Eliane Marta Teixeira Lopes (organizadoras) . – Belo Horizonte: Autêntica Editora, 2011.

Vários autores
Bibliografia
ISBN 978-85-7526-563-5

1. Coleção Boletim Vida Escolar 2. Educação - Minas Gerais - História 3. Escolas - Minas Gerais - História 4. Grupo Escolar de Lavras 5. Pedagogia - Minas Gerais - História I. Galvão, Ana Maria de Oliveira. II. Lopes, Eliane Marta Santos Teixeira.

11-08314 CDD-370.98151

Índices para catálogo sistemático:
1. Brasil : Minas Gerais : Educação : História 370.98151

Sumário

Apresentação

Ana Maria de Oliveira Galvão
Eliane Marta Teixeira Lopes

Este livro foi concebido[1] em torno do desejo de operar concretamente com a ideia de que o ponto de partida para se fazer história não são as fontes, mas os problemas e as perguntas que o(a) pesquisador(a) coloca ao passado e, consequentemente, aos vestígios que dele restaram – as fontes.

O desafio: o que aconteceria se cada um(a) de nós, pesquisadores(as) que, embora congregados em um mesmo grupo de pesquisa,[2] têm formações, interesses e trabalham com períodos, locais, abordagens e referenciais teórico-metodológicos distintos, se debruçassem sobre uma mesma fonte? O que resultaria desse esforço? O que se pode fazer com uma fonte? Teríamos narrativas tão diversas que o passado – aquele que acreditamos existir e sobre o qual se fundam nossas crenças como pesquisadores – nos escaparia? Ou, ao contrário, produziríamos textos muito semelhantes e o leitor se entediaria com a repetição em torno desse passado? O que é, afinal, comum a um período ou a uma situação estudada? A produção de versões diferentes sobre o passado está irremediavelmente vinculada às lentes do presente e do(a) pesquisador(a) que as usa? Se acreditávamos que "as fontes não falam por si", seríamos capazes de fazer perguntas interessantes à documentação que possuíamos, mesmo que ela tratasse de um espaço-tempo com o qual não tínhamos, necessariamente, muita intimidade?

Mas que fonte era essa? Não se tratava de uma "fonte inédita". Outros(as) pesquisadores(as) já a haviam explorado em artigos, monografias,

[1] Seminário interno do Grupo de Estudos e Pesquisas em História da Educação (GEPHE) da Universidade Federal de Minas Gerais (UFMG), realizado na Serra do Cipó em 2007.

[2] O lugar de produção é um dos elementos fundantes da operação historiográfica (CERTEAU, 1982).

dissertações e teses, todos devidamente referenciados ao longo dos capítulos que compõem este livro. Por um lado, esses trabalhos nos deram lastros para compreendermos melhor as relações entre a fonte escolhida, outras fontes, o período e o tempo investigados. Por outro, a existência dessas pesquisas, mais uma vez, nos desafiava a mostrar, por meio dos nossos próprios estudos, que as fontes em si não nos dizem (quase) nada. Por que, então, a escolhemos? Em primeiro lugar, e talvez fundamentalmente, porque a coleção completa do *Boletim Vida Escolar* foi conservada. Tínhamos cópias de todos os 34 números produzidos na sua efêmera existência (menos de dois anos).[3] A própria conservação dos números, feita por meio de uma bem cuidada encadernação, talvez já fosse um indício da monumentalidade (Le Goff, 1984; Foucault, 1995) que se quis conferir ao impresso, ao seu editor e à instituição da qual se dizia porta-voz. Em segundo lugar, trata-se de uma documentação que permite múltiplas interpretações, em virtude de seu volume, da diversidade de seu conteúdo e das características de seu editor.

Vamos, então, a uma breve descrição da fonte, da cidade e da instituição que representa, utilizando, para isso, o próprio *Boletim Vida Escolar*.

No dia 13 de maio de 1907, no conjunto das reformas empreendidas pelo governo João Pinheiro (1906) e comemorando a libertação dos escravos, o Grupo Escolar de Lavras, em Minas Gerais, foi instalado.

> O prédio do Grupo Escolar, que dá para a rua Direita, tem 22,50 m de frente sobre 16,40 m de cada lado. O prédio do fundo mede 33,3 m pelo lado da rua Mata-Cabrito sobre 10,45 m de largura, tendo um puxado fronteiro á rua da América com 8,70 m sobre 7,30 m.
>
> A entrada principal do edifício fica do lado da rua Mata-Cabrito, em um muro que liga os dois prédios, havendo na mesma rua também uma porta de entrada para a rua do fundo.
>
> O primeiro prédio, que se destina às aulas do sexo feminino, está separado do outro por um muro, onde há uma porta para comunica-los entre si (BVE,[4] v. 1, n. 1, 15/5/1907).

Antes mesmo disso, seu diretor, Firmino Costa, apresentou o veículo que seria o principal disseminador de seu pensamento, dos problemas enfrentados e das ações que os funcionários do grupo e ele vinham empreendendo: o *Boletim Vida Escolar*.

---

[3] Atualmente, a coleção está integralmente disponível no site: <http://www.museu.ufla.br>.

[4] As referências ao *Boletim Vida Escolar* serão feitas pela sigla BVE ao longo de todo o livro.

Cidade de Lavras, Estado de Minas Gerais, 1 de maio de 1907

Destina-se o presente boletim a prestar informações sobre o movimento da instrução deste município e a dar notícias que interessem ao progresso de Lavras.

Será ele um indicador do desenvolvimento da nossa instrução, um registro de dados estatísticos concernentes a esta parte de Minas, um repositório de subsídios para a geografia e a história de Lavras, um porta-voz de todos os esforços empregados em prol do adiantamento desta terra.

Para melhor preencher o seu fim, não entrará a Vida Escolar em questões religiosas ou políticas, e guardará completo silêncio em relação a fatos reprováveis.

Como se vê, o fim principal desta publicação é tornar conhecido o município de Lavras, para que ele seja devidamente apreciado por todos os homens de valor.

Assim sendo, merecerá sem dúvida este boletim o apoio de todos os nossos conterrâneos, dos quais ele espera generoso acolhimento.

Lavras, a cidade da qual esperava generoso acolhimento, está situada no Campo das Vertentes, em Minas Gerais. No século XVIII, chegaram ao lugar catadores de ouro que criaram o Arraial de Sant'Ana das Lavras do Funil. Mas, o ouro em Minas Gerais decepcionava, e a agricultura e a pecuária foram fazendo a subsistência da região e de seus moradores. Em 1868, Lavras obteve sua emancipação política e administrativa. Em inícios do século XX, o editor do *Boletim Vida Escolar* descreve a cidade (BVE, v. 2, n. 30, 15 set. 1908).[5]

A cidade de Lavras está edificada em um espigão de suave declive, que se dirige de sul a norte e é ladeada por dois córregos, que se perdem no Ribeirão Vermelho. Tem 903 metros de altitude e fica a 21° 17' de latitude sul e 1° 52' de longitude oeste, sendo de 7 m e 28 s a diferença da hora em relação ao meridiano do Rio de Janeiro. Pode-se calcular em 5.000 habitantes, sendo o elemento estrangeiro quase todo de origem italiana.

A cidade possuía 7 praças, 28 ruas e 8 travessas. Seu ponto mais importante era a praça municipal, no centro. As ruas têm placas denominativas, quase todas possuem passeios e as principais são

[5] Recortes e adaptações para este texto. Todas as demais citações estão referidas a este número.

servidas por passeios cimentados. As ruas principais possuem bem cuidada arborização; a Praça Municipal está sendo ajardinada com muito gosto; a Praça Barão de Lavras tem um belo jardim.

O clima de Lavras é temperado, ameno e salubérrimo. Devido à colocação descampada, a cidade é varrida pelos ventos mais constantes E e NE, que geralmente reinam nos meses de abril a julho. A temperatura fica em torno de à sombra 18,35 °C; máxima, 22,85 °C; mínima, temperatura máxima do calor, 29,0 °C; temperatura mínima do frio, 8,5 °C.

Desde 1893 é a cidade iluminada a querosene por meio de combustores com lâmpadas belgas. Em princípio de 1909 deverá ser inaugurada a iluminação elétrica, tendo começado em 7 de abril de 1908 as obras necessárias a essa instalação. Desde outubro de 1885, de excelente água canalizada. Ademais disso, dispõe a cidade de fontes públicas.

Lavras deve ter presentemente 600 prédios, alguns deles confortáveis e elegantes. Entre os prédios públicos, o do Grupo Escolar, que consta de dois prédios e é o mais espaçoso da cidade; a Casa da Câmara, excelente prédio adquirido por subscrição popular em 7 de março de 1854; o Teatro Municipal, feito por uma associação particular e cedido à municipalidade.

A música é uma arte estimada dos lavrenses, sobretudo das senhoras. Conta a cidade bons professores de música, duas bandas e muitos pianos.

A Casa de Misericórdia, muito vasta e muito apropriada, e a Sociedade São Vicente de Paulo cuidam da assistência pública.

Lavras é servida por correio diário, e sua agência foi instalada em 2 de dezembro de 1834.

É também servida pelas linhas do Telégrafo Nacional e da ferrovia Oeste de Minas. A via férrea Oeste de Minas, que tem para a Estação desta cidade trens diários, é o principal meio de comunicação, constando os outros meios de estradas de rodagem.

Há igrejas para, pelo menos, dois tipos de cultos. Existem a Matriz, construída em 1754, a capela de Santo Antônio, a capela das Mercês, agora inteiramente renovada, a capelinha de São Miguel e o Templo Evangélico, situado na Praça Municipal. Além dessas igrejas, há em construção na rua Direita a nova Matriz, que vai ficar um templo suntuoso.

O cemitério foi feito pelo povo em cinquenta dias sob a direção dos capuchinhos frei Francisco e frei Eugênio. Em 3 de abril de 1853 sepultou-se ali o primeiro cadáver.

> Há grande número de casas de negócio: cinco farmácias, dois hotéis, um café e uma confeitaria. É importante o movimento comercial, que não aparenta maior atividade em razão de achar-se descentralizado por diversos pontos. Encontram-se fotógrafos, ourives, relojoeiros, barbeiros, alfaiates, marceneiros, carpinteiros, sapateiros, seleiros, serralheiros, pedreiros, pintores, padeiros, etc., possuindo alguns deles oficinas bem montadas. Há também profissionais liberais. Exercendo clínica na cidade cinco médicos, há três gabinetes dentários e eleva-se a cinco o número de advogados.
>
> A imprensa é aqui hoje representada pela "Folha de Lavras", fundada em 14 de fevereiro de 1898, pelo "Incentivo" e pela "Vida Escolar".
>
> A cidade é bem provida de viveres, de que há vários armazéns, sendo fácil a compra de frangos, ovos, pão, frutas e hortaliças, que diariamente se oferecem nas portas, e o matadouro municipal é bem situado e mantido em boas condições higiênicas, sendo regularmente fiscalizada a matança de rezes.
>
> Lavras é um verdadeiro centro de instrução. Existem aqui os seguintes estabelecimentos com uma matrícula de 800 alunos: Grupo Escolar, composto de oito cadeiras, com o ensino profissional ministrado em oficinas de costura, de marceneiro, de sapateiro e de serralheiro, e com um campo prático para trabalhos de jardinagem e horticultura a inaugurar-se brevemente; Instituto Evangélico, fundado em 15 de janeiro de 1893, compreendendo o Colégio Carlota Kemper, para as meninas, o Ginásio de Lavras e a Escola Agrícola, e possuindo uma seção de ensino técnico representado por oficinas de sapateiro e seleiro, de marceneiro e carpinteiro, de tipografia e encadernação; Colégio Lavrense, estabelecido em 15 de janeiro de 1899, que possui três cursos – primário, secundário e normal, sendo este equiparado à Escola Normal do Estado; Colégio de N. S. de Lourdes, para meninas, aberto em 6 de março de 1900.

Depois então da instalação, o *Boletim* transcreve a festa que inaugura o Grupo. O editor se esmera nos detalhes. Cita nomes e funções de 20 representantes oficiais, entre deputados, vereadores, juízes, e de passagem menciona "alunos da Escola Normal incorporados, diversos professores, representantes de outras classes, muitas famílias, e grande número de pessoas". Houve seis discursos, banda de música e muitas fotografias dos prédios, dos professores e dos alunos: "À instalação compareceram 287 alunos sendo de 408 a matrícula total". Mas ainda faltava o discurso inaugural, pronunciado pelo Diretor (que também era o editor). Usando dos recursos[6] de que dispomos hoje podemos afirmar que não foi um discurso curto e, talvez, nem de fácil absorção pelos presentes, mas entrou para a história da educação brasileira, pois, afinal, era *o ensino do Grupo Escolar moldado pelos princípios hodiernos da ciência da educação.*

A escola que era apresentada tinha objetivos claros e definidos: *preparar os alunos, a fim de que cada um deles venha a ser na vida um homem forte, bom, instruído e trabalhador, útil a si, à família e à pátria.* Como pensava fazer isso? *Ensinando-lhes zelar da saúde e desenvolvendo-lhes convenientemente as faculdades do espírito.*

E a quem caberia a façanha? *Para esse efeito impede ao professor, principalmente com o seu exemplo, infundir nos alunos aversão ao vício e amor à virtude; cumpre-lhe dar aos discípulos conhecimentos úteis e ensinar a eles o trabalho metódico.* É uma construção de frase muito interessante pois, ao anunciar o que é preciso *"dar"*, diz também que a aversão é algo a ser ensinado.

Esse professor, ao gosto da época, deveria ter outras qualidades e tarefas: amor à profissão; *compenetrar-se de sua nobre posição na sociedade e de sua real influência na formação do caráter nacional e dos destinos da pátria.* Não menos importante seria responsabilizar-se pela *felicidade futura de seus alunos e fazer da escola um prolongamento do lar* e ainda prover uma ocupação alegre e atraente para seus alunos.

Aos professores caberia também ensinar as crianças a se "ufanar" do país, mas também da cidade de Lavras, do estado de Minas Gerais, da República, da escola, do Grupo Escolar e, possivelmente, do próprio Firmino Costa, diretor exemplar:

> Esta extensão região, que por felicidade nos coube como pátria, não póde continuar desconhecida para nós. E é aos professores que, desde a escola primária, incumbe a elevada missão de apresentar as grandezas deste paiz – um dos mais vastos, dos mais bellos, dos mais ricos do globo, e, póde-se acrescentar, um dos mais felizes do mundo. "Vários existem mais prósperos, mais poderosos, mais brilhantes que o nosso. Nenhum mais digno, mais rico de fundadas esperanças, mais invejável", na frase do formoso livro do dr. Affonso Celso, *Porque me ufano do meu paiz.* O grupo escolar fará conhecida de seus alumnos a nossa pátria. Aqui serão transmitidas as noções essenciaes de geographia e de historia do Brasil. O menino

[6] 1.599 palavras; 8.021 caracteres; 126 linhas.

> ficar conhecendo a sua cidade e o seu município, o Estado de Minas com a sua encantadora capital [...] (BVE, ano 1, n. 2, 15/5/1907).

O livro citado[7] talvez ainda não fosse famoso, mas já era formoso. Em 42 capítulos que descrevem as belezas naturais, as guerras, o povo, foi escrito em 1900 pelo Conde Afonso Celso.[8] Dele, aproxima-se o discurso inaugural do diretor Firmino Costa:

> Para quem e para que foi composto este opúsculo
>
> As páginas que aí vão – escrevi-as para vós, meus filhos, ao celebrar a nossa Pátria o quarto centenário do seu descobrimento. Sorri-me a esperança de que encontrareis nelas prazer e proveito.
>
> Consiste a minha primordial ambição em vos dar exemplos e conselhos que vos façam úteis à vossa família, à vossa nação e à vossa espécie, tornando-vos fortes, bons, felizes. Se de meus ensinamentos colherdes algum fruto, descançarei satisfeito de haver cumprido a minha missão.
>
> Quereis saber os fundamentos desse culto? A leitura dos argumentos e fatos, adiante singelamente expostos, vo-lo mostrará.
>
> Avigorai, meus filhos, estes argumentos; juntai novos fatos a tais fatos; propagai-os; cultivai, engrandecei o amor pelo Brasil.
>
> Que a vossa geração exceda a minha e as precedentes, senão em semelhante amor, ao menos nas ocasiões de o comprovar. Quando disserdes: "Somos brasileiros!", levantai a cabeça, transbordantes de nobre ufania. Convencei-vos de que deveis agradecer quotidianamente a Deus o haver Ele vos outorgado por berço o Brasil.

Em 1900, Affonso Celso escreveu sua louvação patriótica; o ufanismo entrou nos dicionários como "orgulho exacerbado pelo país em que nasceu"; "patriotismo excessivo". Firmino Costa segue as pegadas desse inspirador em muitos dos seus escritos: poderia quase escrever "por que me ufano do meu Grupo Escolar". Dois anos depois, Olavo Bilac e Manoel Bonfim escreveram *Através do Brasil*. Por mais de quarenta anos, escolas brasileiras em todo o país adotaram a leitura desse livro (Santos; Oliva, 2004) e vários(as) outros(as) autores(as) deixaram registrados seu otimismo

---

7 Disponível em: <http://www.ebooksbrasil.org/eLibris/ufano.html>. Texto completo.

8 Afonso Celso de Assis Figueiredo Júnior – Conde Afonso Celso, pela Santa Sé (Ouro Preto, 31 de março de 1860 – Rio de Janeiro, 11 de julho de 1938) –, foi um professor, poeta, historiador e político brasileiro. É um dos fundadores da Academia Brasileira de Letras, onde ocupou a cadeira 36 (cf. Wikipedia).

e sua confiança. O futuro era o que se queria enxergar e construir. Idealizá-lo era uma maneira pensada de fazê-lo dar certo – talvez. Discursos não bastam para construir o futuro.

Que narrativas, então, produzimos a partir dessa fonte, que parece ter sido produzida – como quase todas – para tornar memorável aquele presente? Que passado nos foi possível escrever a partir do olhar, basicamente, de um indivíduo, de uma instituição?

No primeiro capítulo do livro, "A quem se destinava o Boletim Vida Escolar?", Ana Maria de Oliveira Galvão e Mônica Yumi Jinzenji buscam (re)construir, por meio da análise do *Boletim*, o leitor visado por seu fundador e editor, Firmino Costa, diretor do Grupo Escolar de Lavras. As autoras buscam, de modo mais amplo, apontar possibilidades metodológicas para o estudo de impressos. No texto, são analisados: os momentos em que há uma nomeação explícita do leitor; as temáticas mais abordadas no periódico; as estratégias discursivas utilizadas pelo editor para instituir esse leitor. A análise mostra que o leitor visado pelo *Boletim* era, predominantemente, formado por homens que ocupavam posições – econômicas, sociais e políticas – estratégicas em Lavras e, mais amplamente, em Minas Gerais. Firmino Costa buscava convencer esse leitor de que, ao mesmo tempo que estava colaborando para o êxito da reforma de instrução do estado, buscava ultrapassá-la ao colocar em prática, no Grupo Escolar, ações modernizadoras que o distinguiam (Grupo e diretor, instituição e indivíduo) de outras práticas educativas. O *Boletim* foi, então, um espaço para que pudesse progressivamente elaborar e divulgar suas ideias. Foi, também, um modo de se tornar conhecido e arregimentar a elite local em torno de uma causa que, no período, era insuspeita: a educação, principalmente aquela consubstanciada no modelo do Grupo Escolar.

O repertório pedagógico de Firmino Costa é objeto específico do segundo capítulo do livro. Nele, intitulado "Firmino Costa e o *Boletim Vida Escolar*: a construção e circulação de um repertório pedagógico", Juliana Cesário Hamdan e Luciano Mendes de Faria Filho analisam o *Boletim Vida Escolar* como um veículo capaz de dar visibilidade e colocar em circulação o pensamento pedagógico do educador. Como a maior parte dos intelectuais e políticos do período, Firmino Costa utilizou a imprensa para esse fim. As temáticas mais abordadas por ele no *Boletim* – e também nos relatórios que enviava à Secretaria do Interior – giravam em torno do analfabetismo, da matrícula e da frequência escolar, da "causa republicana" e do ensino profissional. Contudo, os aspectos mais relevantes do seu pensamento foram a formação dos professores e o método intuitivo. Esses temas podem ser considerados a coluna vertebral de seu pensamento e sua ação educacionais. Na visão dos autores, a constituição desse repertório se deu a partir de uma apropriação ativa das ideias disponíveis na ambiência cultural na qual o educador estava imerso no período, o que lhe permitiu assumir um posicionamento original e um trânsito nas redes de sociabilidade mais prestigiadas em Minas Gerais no início do século XX.

O ensino profissional é tema do capítulo "Pensar com acerto e trabalhar com método: o ensino profissional no *Boletim Vida Escolar*", de Carla Simone Chamon, Irlen Antônio Gonçalves e Bernardo Jefferson de Oliveira. Nele, os autores discutem as proposições para o ensino profissional presentes nas páginas do *Boletim*, situando-as no processo de escolarização da educação para o trabalho que ocorre no país entre fins do século XIX e início do XX. Nesse momento, surgem diversas propostas de criação de escolas profissionais, que tinham por objetivo alcançar os trabalhadores livres. Na medida em que a mão de obra escrava se tornava escassa e cara, e a mão de obra imigrante encontrava dificuldades para se estabelecer em algumas províncias/estados, como Minas Gerais, o ensino profissional – que compreendia o preparo técnico e o aprendizado racional e metódico do trabalho – era visto como elemento capaz de preparar o trabalhador nacional, permitindo maximizar a produção e alavancar o desenvolvimento econômico do país. Em Minas, o ensino profissional foi incluído na reforma da instrução pública de 1906, passando a ser um componente a mais na nova organização dos grupos escolares. Em seus quase dois anos de publicação, o *Boletim Vida Escolar* trouxe, regularmente, seja sob a forma de transcrição de relatórios ou discursos, seja sob a forma de artigos escritos para a revista, informações, comentários e discussões acerca do ensino profissional. "Saber trabalhar", "dar-se ao trabalho sabendo praticá-lo" e o exercício do "trabalho metódico" eram ideias reiteradamente discutidas por Firmino Costa. Não se tratava apenas de convencer os leitores da importância do trabalho, mas de estabelecer a escola primária como *locus* legítimo e competente para formar melhor o trabalhador.

Em "Lendo o *Boletim Vida Escolar*: além do escolar, a vida, naquilo que a constitui", Andrea Moreno e Eliane Marta Teixeira Lopes buscam compreender o que seria viver bem a vida escolar, aos olhos do diretor do Grupo. Em texto que procura ler o *Boletim* com olhos argutos, sem se preocupar em explicitar que teorias fundamentaram aquela leitura, as autoras situam a cidade à época e em que cenário se desenvolvem as questões "Como viver a vida escolar?" e "O que é vivê-la bem?".

Por fim, no capítulo "Cidade, escola e urbanidade na elaboração da relação entre professor e alunos no início do século XX", Cynthia Greive Veiga analisa como, nas páginas do *Boletim*, são construídas a educação dos sentidos e a urbanidade no período. Esses elementos são considerados fundamentais para a elaboração de novas relações entre os indivíduos e, especialmente, entre professores e alunos, como componentes do processo civilizador. Para a autora, Firmino Costa pretendeu, por meio do *Boletim*, dar visibilidade à escola – especificamente o Grupo Escolar – na cidade de Lavras, não como uma instituição estranha, mas integrante de uma nova vida urbana. Temas como a história da cidade, comunicados de festas e comemorações, e homenagens a moradores ilustres são assuntos fartamente veiculados no impresso, tornando a escola e a vida dos escolares uma experiência integrante da rotina da cidade. A escola estatal pública se desenvolve, assim, como fator de alteração da própria rotina das cidades, como ocorre no caso do Grupo Escolar de Lavras. Nesse processo, novos conteúdos foram pensados para a educação das crianças, como a Instrução Moral e Cívica, os Exercícios Físicos, os Trabalhos Manuais e a Música Vocal. Ganha relevo também a necessidade de mudanças nas relações entre professores e alunos, com a diminuição do uso da violência física e a busca de alternativas para resolução de conflitos. No *Vida Escolar*, Firmino Costa exalta as manifestações de carinho e delicadeza como modos de relacionamento fundamental para a alegria de aprender dos meninos.

Esperamos que você, leitor, após a leitura deste livro, possa também se sentir instigado a produzir novas narrativas sobre essas e outras histórias.

Referências

CERTEAU, M. *A arqueologia do saber.* 4. ed. Rio de Janeiro: Forense Universitária, 1995.

CERTEAU, M. *A escrita da história.* Rio de Janeiro: Forense Universitária, 1982.

LE GOFF, J. Documento/monumento. In: *História e memória.* Campinas: Editora da UNICAMP, 1994, p. 535-549.

SANTOS, C. M.; OLIVA, T. A. As multifaces de "Através do Brasil". *Revista Brasileira de História*, São Paulo, v. 24, n. 48, 2004. Disponível em: <http://www.scielo.br/scielo.php?script=sci_arttext&pid=S0102-01882004000200005&lng=en&nrm=iso>. Acesso em: 25 fev. 2011.

A quem se destinava o *Boletim Vida Escolar*?[1]

Ana Maria de Oliveira Galvão

Mônica Yumi Jinzenji

Neste artigo, buscamos (re)construir, por meio da análise do *Boletim Vida Escolar*, o leitor visado por seu fundador e editor, Firmino Costa,[2] diretor do Grupo Escolar de Lavras.[3] A análise realizada se refere, fundamentalmente, ao *texto* do impresso.[4] Inicialmente, buscamos reconstruir o leitor visado pelo *Boletim* por meio da análise dos momentos em que há uma nomeação explícita desse leitor. Em um segundo momento, essa reconstrução é realizada através da análise das temáticas mais abordadas no periódico. Por fim, buscamos analisar as estratégias discursivas utilizadas pelo editor para instituir esse leitor. O objetivo deste artigo não é, portanto, apresentar e discutir resultados de uma pesquisa mais aprofundada sobre o *Boletim*, sobre o próprio Grupo Escolar ou mesmo sobre a educação em Minas Gerais na primeira década do século XX, mas apontar possibilidades metodológicas para o estudo de impressos.

---

[1] Este artigo é um dos resultados da pesquisa realizada durante o pós-doutoramento, por essa autora, na Faculdade de Educação da UFMG no período de 2009 a 2010, sob a supervisão da professora Ana Maria de Oliveira Galvão, com o financiamento do CNPq.

[2] No capítulo "Firmino Costa e o *Boletim Vida Escolar:* a construção e a circulação de um repertório pedagógico", de Juliana Cesário Hamdan e Luciano Mendes de Faria Filho, são discutidos a trajetória intelectual e o pensamento pedagógico de Firmino Costa. Sobre o mesmo assunto, ver Hamdan (2007).

[3] Para uma história do Grupo Escolar de Lavras, consultar a dissertação de mestrado de Jardel da Costa Pereira (2005).

[4] Uma investigação mais completa do *Boletim* na perspectiva apontada incluiria, também, a análise de sua materialidade. Neste trabalho, no entanto, limitamo-nos ao estudo do texto.

O *Vida Escolar* se insere entre as produções impressas que tratam de temas relacionados à educação escolar e são denominados, pelos estudiosos do tema, como *imprensa pedagógica, imprensa educacional*, recebendo, por vezes, a denominação de *imprensa didática*. Neste artigo, optamos por adotar a designação *imprensa/impresso educacional* por ter significado mais amplo, já que o *Boletim* não possuía fins exclusivamente didáticos ou pedagógicos, mas também caráter informativo.

Esse tipo de impresso começou a surgir no Brasil na segunda metade do século XIX em virtude da necessidade de melhor qualificar os professores e funcionários públicos para o desenvolvimento da instrução pública, na medida em que não havia compêndios específicos para formá-los (Bastos, 1997, p. 173-187). Entretanto, o desenvolvimento da imprensa educacional ganhou força somente a partir da Primeira República, com a ampliação da produção de jornais, revistas e boletins. Esses veículos eram usados como sustentáculos para a difusão dos debates educacionais e dos novos modelos de ensino adotados pela escola republicana (Bastos, 1997).

Se por um lado os conteúdos dos impressos periódicos são relativamente mais acessíveis para análise, por outro a leitura ou as práticas de leitura e a identificação dos leitores desses textos são menos explícitos. Os leitores nem sempre deixam pistas das suas práticas[5] e, no caso do *Boletim Vida Escolar*, os leitores empíricos que interessam a esta pesquisa estão mortos. Cabe-nos, portanto, questionar: quem eram os leitores *visados* pelo periódico? Ou seja, que tipo de leitor os autores dos artigos e o editor do periódico tinham em mente? Essas questões se desdobram em outras, tais como: que habilidades de leitura e que conhecimentos o autor pressupunha em relação a seus leitores? A quem interessaria a leitura do *Boletim*?

Buscar compreender quem eram os leitores visados – que podem diferir ou não se limitar àqueles explicitados pelo autor – auxilia na compreensão

---

[5] Conforme Robert Darnton (1990; 1992), o estudo do impresso requer investigarmos o seu "ciclo" completo, ou seja, autoria, edição, impressão, distribuição, venda e leitura. Investigar a leitura e os leitores consiste no aspecto mais complexo e fugidio. A identificação dos leitores de determinados textos seria apenas uma etapa, muitas vezes difícil por si só; compreender como liam, por que liam ou que significados produziam a partir da leitura representa outro desafio, já que vivemos num "mundo mental" diferente dos nossos ancestrais que condiciona maneiras diferentes de ler.

dos objetivos de se produzir esse impresso. Seria mesmo uma publicação voltada para a comunidade local, como anuncia Firmino Costa nos seus primeiros números?

As questões trazidas para esta investigação se apoiam em pressupostos já bastante difundidos entre os historiadores da educação e da leitura de que um texto não pode ser compreendido em sua complexidade sem considerarmos a interdependência intrínseca existente entre a autoria, os leitores e os seus significados.[6] Portanto, o autor não é autônomo no ato de produção de um texto, e seus significados não estão dados em si; suas intenções não se impõem para os leitores, mas dependem deles. O autor é ainda dependente e limitado por outros fatores, entre eles as condições materiais, históricas, políticas e comerciais (Chartier, 1994).

Esse "jogo" dinâmico entre a produção – autor, editores – e a leitura se processa também de outra forma, num momento anterior, no ato da escrita. O leitor está presente no processo de construção do texto pelo autor, sendo elemento imprescindível para a sua constituição. Epistemológica e empiricamente distinto do leitor "de carne e osso", que irá interagir com o texto já finalizado, o *leitor-modelo* (Eco, 1986), ao qual nos referimos aqui, é o tipo ideal imaginado pelo autor, uma hipótese, que irá orientar a produção textual. Em função do *leitor-modelo*, autores e editores, em condições materiais contextualizadas, definem as temáticas, a linguagem a ser utilizada, a sequência e a forma de apresentação dos fatos e ideias, além da extensão do texto, o suporte em que será inserido, as características tipográficas, o uso de imagens, preço, pontos de venda, etc.

Em consequência, todo texto possui lacunas, brechas que serão preenchidas pelo leitor a seu modo, produzindo significados específicos de acordo com suas competências de leitura, suas experiências e fantasias. Desse modo, de acordo com Eco (1994, p. 12), o leitor é convidado o tempo todo a fazer escolhas, e o ato da leitura é um ato de fazer apostas e antecipar o que o autor escreveria.

O conceito de *leitor-modelo* é interessante não somente para se investigar os leitores que o autor previa para seus textos, mas os leitores que procurava instituir. Os textos apresentam, a todo o tempo, instruções, regras e caminhos a serem percorridos para a sua "decifração". Entretanto, o ato de leitura significa também "peregrinar" por esse "sistema imposto", o que resulta numa produção própria do leitor (De Certeau, 1994, p. 264).

[6] Ver o tema discutido detalhadamente em Batista e Galvão (2002).

Cabe perguntar, então, quais as características do leitor visado pelo *Boletim Vida Escolar*? Que elementos textuais e que características desse impresso permitem traçar o perfil desse leitor? Que parcela da população local da época se aproximaria desse leitor? A investigação dessas questões permitirá compreender melhor as interlocuções que o redator, Firmino Costa, estabelecia e pretendia estabelecer no contexto das mudanças educacionais que se operavam no cenário educacional brasileiro, o que indicaria, também, o papel dos impressos nesse processo de instituição de uma nova forma de organização escolar do início do século XX.

O *corpus* principal da análise é composto pelos 34 números do *Boletim Vida Escolar*, publicados entre maio de 1907 e novembro de 1908. Foram utilizados também como fontes a *Revista do Arquivo Público Mineiro*, jornais de Lavras publicados no período, tais como *O Republicano* (1899-?), *Folha de Lavras* (1893-?), além de dados censitários e estatísticos referentes à alfabetização, à escolaridade e à circulação do escrito no município de Lavras.

O Grupo Escolar de Lavras foi oficialmente instalado e inaugurado no dia 13 de maio de 1907, sob a direção de Firmino Costa (1869-1939), que ocupou essa função até o ano 1924 (Pereira, 2005). Foi, portanto, um dos primeiros grupos escolares fundados no Estado,[7] regulamentados em Minas Gerais após a Reforma João Pinheiro de 1906. No ato de sua instalação, consta que se encontravam matriculados 408 alunos (BVE, v. 1, n. 2, p. 1). Embora não tenhamos dados precisos, conteúdos divulgados no próprio *Boletim* trazem indícios de que a população frequentadora do grupo era constituída, ao menos em parte, por alunos pobres, que teriam dificuldade em frequentar o Grupo sem o auxílio da Caixa Escolar.[8]

---

[7] Para um aprofundamento sobre os grupos escolares em Minas Gerais, ver, particularmente, Faria Filho (2000) e Gonçalves (2006).

[8] No texto "Um appelo", publicado no número 24, o editor do *Boletim*, ao discorrer sobre a necessidade de a população de Lavras contribuir com a Caixa Escolar, afirma que existem "no Grupo dezenas de meninos pobres, necessitados de instrução, que podem descoroçoar de prosseguir no estudo por falta de utensílios escolares" (p. 1). Outros indícios confirmam essa presença de meninos e meninas pobres no Grupo Escolar. No número 14, por exemplo, foi publicada a notícia de que um lavrador teria doado cinquenta mil réis para ser aplicado na compra de uniformes para alunos pobres do Grupo (BVE, n. 14, p. 2, 15/11/1907). A Caixa Escolar funcionava pelo menos desde dezembro de 1907, e o *Boletim* publicava reiterados pedidos de doação para ela. Além disso, o *Boletim* fazia críticas à interrupção dos estudos por crianças que precisavam ajudar no orçamento familiar e dava grande ênfase à educação profissional.

É importante notar que, no dia 1º de maio de 1907, antes mesmo da inauguração do Grupo Escolar, era impresso o primeiro número do *Boletim*, que tinha periodicidade quinzenal. Dos 34 números, 18 foram impressos no primeiro ano letivo (1/5/1907 a 15/1/1908). Após o recesso escolar, período em que a publicação foi suspensa, foram publicados os outros 16 números (1/4 a 15/11/1908).

O *Boletim* era impresso na Tipografia da *Folha de Lavras*, um dos jornais que circulavam na cidade no período. A tipografia era de propriedade de Azarias Ribeiro Júnior, filho do professor Azarias Ribeiro de Souza, então diretor do Colégio Lavrense e da Escola Normal de Lavras (Pereira, 2005, p. 60). Composto por quatro páginas, divididas em duas colunas e em formato *in-folio*,[9] suas dimensões eram 21,6 x 28,8 cm. A assinatura anual custava dois mil réis (BVE, v. 1, n. 1, p. 2), valor bem inferior ao de outros semanários em circulação em Lavras e seus distritos no período.[10] Versava sobre assuntos diversos: o próprio Grupo Escolar, a situação da instrução no município e em Minas Gerais, reflexões mais amplas sobre educação, notícias diversas sobre acontecimentos ocorridos na cidade e sua história, entre outros, como ficará mais evidente ao longo deste artigo. Era editado por Firmino Costa, e os textos nele publicados, que nem sempre eram assinados, provinham de fontes diversas, algumas das quais explicitadas.

Quem eram, então, os leitores potenciais do *Boletim*? Em um primeiro momento, pode-se supor que o periódico era destinado à própria comunidade do Grupo – pais, professores e alunos –, na medida em que era um órgão oficial dessa instituição. De imediato, no entanto, podemos nos perguntar: justificaria a impressão de uma publicação nos moldes do *Boletim* para uma comunidade relativamente pequena e, possivelmente, não inteiramente letrada? Não teria Firmino Costa, um intelectual que aos poucos elaborava seu pensamento pedagógico e assumiria postos importantes na burocracia educacional estatal, o propósito de atingir um número maior de leitores para dar visibilidade ao que estava realizando no Grupo Escolar, à luta que empreendia em prol da instrução e às suas ideias mais gerais sobre educação? A própria leitura do *Boletim* e dados sobre a trajetória de Firmino Costa e sobre Lavras no período nos indicam que

[9] Para uma descrição dos formatos do livro, ver Araújo (2008).

[10] A média do preço desses jornais estava em dez mil réis anuais, e estes possuíam um número maior de páginas, além de terem dimensões maiores que o *Boletim*.

o público a que se destinava era muito mais amplo que a comunidade do Grupo. Mas que público seria esse?

Cultura escrita[11] em Lavras no período

Para responder a essas perguntas, foi necessário, em primeiro lugar, (re)construir dados sobre alfabetização e escolarização e levantar indícios sobre a produção e a circulação do escrito em Lavras no período. Quem, na cidade, lia? Havia outros jornais sendo publicados no município? Havia tipografias? Que outras escolas existiam? Em que locais, além da escola, o escrito circulava?

Lavras está localizada na região do Campo das Vertentes, entre a zona da mata e o sul mineiro. A sua formação administrativa se deu no início do século XIX; o distrito foi criado em 19 de julho de 1813 (resolução 30 de 19/7/1813) e, por decreto de 13 de outubro de 1831, tornou-se município (IBGE, 1959, p. 443), sendo elevado à categoria de cidade em 1868 (Costa, 1970, p. 60).

A oscilação populacional constante nos dados censitários[12] dificulta a análise das características da população do município, o que se deve, em primeiro lugar, às várias "perdas" e incorporações de distritos que ocorreram desde meados do século XIX[13] a meados do século XX.[14] Embora, entre o final do século XIX e as primeiras décadas do século XX, Lavras mantivesse constante o número de oito distritos, não se tratava dos mesmos, já que alguns, principalmente os mais populosos, se emanciparam

---

[11] Compreendemos aqui cultura escrita como o lugar – simbólico e material – que o escrito ocupa em/para determinada comunidade, sociedade e/ou grupo social. Para uma discussão do conceito, ver Galvão (2009; 2010).

[12] Não faremos, neste artigo, uma discussão sobre a produção desse tipo de dado pelo IBGE. Nas páginas introdutórias dos censos, no entanto, é possível ter maiores esclarecimentos sobre o assunto. Para uma discussão sobre a produção de estatísticas educacionais no Brasil, ver Gil (2008).

[13] De acordo com a Revista do Arquivo Público Mineiro (1899), os distritos constituintes de Lavras no final do século XIX eram: Lavras, Perdões, São João Nepomuceno, Ingahy, Carmo das Luminárias, Santo Antônio da Ponte Nova, Rosário e Macaia.

[14] De acordo com Costa (1907, p. 443), Lavras era constituída, em 1920, pelos distritos de Lavras, Carmo das Luminárias, Santo Antônio da Ponte Nova, Rosário, Ingaí, Carrancas, Conceição do Rio Grande e Ribeirão Vermelho.

(como é o caso de Perdões e São João Nepomuceno), e outros menos populosos foram incorporados. Soma-se a isso o fato de os censos mais detalhados, que trazem dados relativos à constituição étnica e escolarização da população, terem sido realizados em 1872, 1890 e 1920, havendo uma lacuna na produção desse tipo de dado, referente ao período intermediário, exatamente aquele ao qual este estudo se refere mais especificamente. Desse modo, faremos algumas aproximações possíveis que permitem compreender, a partir de informações lacunares, a cultura escrita de Lavras na primeira década do século XX, tomando por base o censo de 1920, que traz os dados que mais se aproximam aos que nos interessam e auxiliam a compreender o contexto de 1907 e 1908.

Em 1907, ano de fundação do Grupo Escolar de Lavras e do surgimento do *Boletim Vida Escolar*, a população do município de Lavras era de 71.456 habitantes, aumentando em mil para o ano seguinte (72.528). Tratava-se do terceiro município mais populoso de Minas Gerais no período (IBGE, 1916-1927).[15] Em relação ao índice de alfabetização da população, notamos que, na sede do município, 31% da população sabia ler e escrever, índice um pouco inferior ao do Estado de Minas Gerais (36,75%) e da população brasileira (37%).

Tabela 1 – População da sede do município de Lavras e distritos de acordo com a capacidade de leitura e escrita em 1920 (incluindo população de 0 a 6 anos)

Localidade/sexo		**Sabem ler e escrever**		**Não sabem ler nem escrever**		**Total**
		N	**%**	**N**	**%**	
Lavras (sede)	Homens	3.237	35,8	5.807	64,2	9.044
	Mulheres	2.426	26,0	6.895	84,0	9.321
	Total	5.677	31,0	12.702	69,0	18.379
Distritos	Homens	3.556	28,6	8.861	71,4	12.417
	Mulheres	2.050	19,0	8.783	81,0	10.833
	Total	5.605	24,0	17.647	76,0	23.252

Fonte: BRASIL. *Recenseamento do Brazil realizado em 1 de setembro de 1920*. v. 4, parte 4, p. 625-626.

[15] Superado por Caratinga (108.123) e Montes Claros (89.373). Disponível em: <http://www.ibge.gov.br/seculoXX/estatisticaspopulacionais.shtm>.

É interessante observar que esse índice é bem superior quando consideramos apenas os estrangeiros residentes na cidade (2,6% da população). Entre eles – italianos, portugueses, turcos, espanhóis e, em pequeno número (20 pessoas residentes), norte-americanos –, o índice de pessoas alfabetizadas era de 56%. Esses dados são importantes porque, particularmente os norte-americanos, têm papel de destaque na instrução em Lavras no período.

Tabela 2 – Origem da população estrangeira do município de Lavras em 1920

País	**População**
Itália	380
Portugal	189
Turquia	166
Espanha	28
Estados Unidos da América	20

Fonte: BRASIL. *Recenseamento do Brazil realizado em 1 de setembro de 1920*, v. 4, parte 1, p. 684-685.

À semelhança do que ocorria no Estado de Minas Gerais, de modo geral, a população masculina de Lavras se concentrava nas atividades rurais; 70% se dedicava a agricultura, criação, caça e pesca (BRASIL. *Recenseamento*, v. 4, p. LIX), embora em uma proporção menor que a média do Estado (79%) (p. XVIII-XIX).

Tabela 3 – População do município de Lavras por profissão, segundo o sexo em 1920

Profissões	**Homens**	**Mulheres**
Agricultura, criação, caça, pesca	70%	16%
Indústria	12%	44%
Transporte	3%	1%
Comércio	4%	1%
Administração	2%	-
Profissões liberais	2%	11%
Outras e prof. mal definidas	7%	5%
Serviços domésticos	-	22%

Fonte: BRASIL. *Recenseamento do Brazil realizado em 1 de setembro de 1920*, v. 4, parte 5, tomo 1, p. LIX.

Na descrição detalhada dessas profissões, as principais áreas de atuação dos homens eram a agricultura, a edificação, o comércio, as pedreiras e os transportes, enquanto as mulheres atuavam em produção de vestuários (indústrias têxteis), serviços domésticos, agricultura, magistério e profissões médicas (Brasil. *Recenseamento,* v. 4, tomo 5, parte 2, p. 84).

Podemos caracterizar Lavras como predominantemente rural, cuja população era sensivelmente menos alfabetizada que a média em Minas Gerais e no Brasil. Podemos inferir que a participação dos estrangeiros, em especial dos norte-americanos no desenvolvimento do ensino, tal como aparece na imprensa local, seria algo pontual, não resultante de uma tendência mais marcante da característica populacional, uma vez que a presença de imigrantes daquela nacionalidade não é tão significativa.

Embora não possamos fazer uma relação direta entre a alfabetização da população e o acesso a escolas (pois a aprendizagem da leitura e da escrita se dava das mais diversas formas: através do pai, da mãe, de familiares alfabetizados, pessoas contratadas para esse fim, etc.), a existência de estabelecimentos escolares e demais instâncias de formação indicam o potencial do local para a transmissão de valores culturais e de conhecimentos socialmente valorizados; esses espaços contribuem também para a circulação e a difusão de materiais escritos.

Desde as décadas finais do século XIX, Lavras já possuía vários estabelecimentos públicos e privados de ensino primário e secundário. Em 1901, havia na cidade quatro escolas públicas primárias regidas por normalistas que atendiam, ao todo, 201 estudantes (O Republicano, 1/1/1901, p. 4). Havia pelo menos seis escolas que ofereciam o ensino primário e o secundário, sendo quatro de iniciativa privada e duas municipais.[16] Entre elas, destaca-se o Instituto Evangélico, fundado em 1893, que possuía uma escola gratuita para ambos os sexos. De orientação presbiteriana, o corpo docente do Instituto Evangélico era constituído predominantemente por professores(as) de origem estrangeira, como Samuel Gammon, Margarida

[16] O Instituto Evangélico foi criado em 1893, inicialmente como colégio de meninas; em 1904, foi agregado o Gymnasio de Lavras para os meninos e, em 1908, a Escola Agrícola (BVE, v. 2, n. 23, p. 1); o Colégio Nossa Senhora de Lourdes, em 1900 (O REPUBLICANO, 1/1/1901, p. 6); o Collegio Lavrense, em 1899 (O REPUBLICANO, 1/1/1901, p. 4); um curso normal (BVE, v. 1, n. 6, p. 2-3); pela municipalidade, havia o Externato Municipal, criado pela Câmara em 1893, e uma escola noturna, criada em 1898 (O REPUBLICANO, 1/1/1901, p. 4).

Youell, Carlota Kemper, Lydia Pergher, Isabel Grady, além do próprio Firmino Costa (O Republicano, 1/1/1901, p. 4).

Alguns estabelecimentos de ensino da cidade de Lavras funcionavam na Casa da Instrução, edificação construída em 1873 pela Associação Propagadora da Instrução Pública, instalada nesse mesmo ano (O Republicano, 1/1/1901, p. 3). Alguns distritos possuíam escolas públicas primárias, como Santo Antônio de Ponte Nova, Luminárias e Perdões, que atendiam algumas dezenas de alunos. Perdões contava ainda com um curso noturno para adultos. Segundo a imprensa local, as escolas localizadas nos distritos funcionavam de forma precária, com condições mínimas de limpeza, sem iluminação, e muitas funcionavam nas casas de professores. No distrito de Nossa Senhora do Rosário, as escolas públicas primárias eram desprovidas, e a escola particular atendia a quase 200 alunos (RAPM, 1899, p. 588-608).

O Grupo Escolar de Lavras, desde o seu surgimento, convivia com escolas isoladas e estabelecimentos particulares, e sua afirmação como escola-modelo na cidade não se deu de imediato, como é possível verificar em várias passagens do próprio *Boletim*. A "falta de frequência legal" dos alunos é atribuída à existência de outras escolas primárias e a fatores como a ausência do ensino religioso na instituição, como se pode ver neste trecho: "Deste estabelecimento saíram meninas para outras escolas. O motivo de tal preferência está em não haver ensino religioso no Grupo Escolar". (BVE, v. 1, n. 16, p. 1). Já outros pais retiravam os filhos antes da conclusão do curso primário, matriculando-os nas escolas secundárias, visando à formação profissional (BVE, v. 2, n. 20, p. 1-2). A heterogênea oferta de ensino primário na "próspera" cidade de Lavras certamente representou obstáculos para o estabelecimento do Grupo Escolar e o seu reconhecimento pela população. Nessa disputa por espaço, Firmino Costa usava o *Boletim* para criticar as escolas particulares alegando que "a grande maioria dellas não preenchem os fins a que se destinam", sendo caracterizadas pela péssima qualidade dos professores e das instalações (BVE, v. 2, n. 30, p. 2).

Além de certamente circular nessa diversidade de estabelecimentos escolares, o escrito estava presente também em outros espaços. O teatro foi fundado em 1890; havia na cidade apresentações musicais protagonizadas pelas bandas Lyra Lavrense e Santa Cecília, além dos recitais de música erudita por alunos de professores particulares (BVE, v. 1, n. 3, p. 3-4; BVE, v. 1, n. 14, p. 2), o que indica a presença de atividades culturais de diferentes naturezas que promoviam a interação da população com escritos também diversos.

Uma significativa quantidade de jornais circulou em Lavras nas últimas décadas do século XIX e primeiras décadas do século XX, na sua maioria noticiosos, mas alguns também literários, religiosos e humorísticos. A primeira tipografia foi estabelecida em 13 de fevereiro de 1887, de propriedade de Bento Xavier de Moura e Carlos Xavier de Moura (RAPM, 1899). O primeiro periódico surge nessa mesma data, *O Lavrense*, fundado por Francisco Bernardino de Alvarenga e redigido por Francisco Martins de Andrade. No final do século XIX, havia duas tipografias na cidade, e outras foram estabelecidas nos distritos, como em Perdões de Lavras e em São João Nepomuceno, de modo que, entre o final do século XIX e as primeiras décadas do século XX, pelo menos 33 periódicos eram impressos no município (RAPM, 1898; IBGE[17]).

Firmino Costa, que já havia sido redator de outros periódicos locais antes de fundar o *Boletim Vida Escolar*, defendia o uso dos jornais para estimular nos alunos o amor à leitura. Considerava a leitura desse tipo de impresso mais atraente que a dos livros didáticos. Para isso, instituiu, para os meninos do quarto ano, aulas especiais chamadas de "aula de imprensa", em que se discutia sobre a origem e a história da imprensa, os diferentes periódicos em circulação, procedendo à leitura de jornais diversificados (Pereira, 2005, p. 205). O caráter utilitário desse tipo de leitura fundamentaria essa prática; segundo Pereira (2005), ao se criar o hábito de ler jornais na escola, o estudante diplomado se interessaria por assuntos relacionados ao progresso do país. A experiência de Firmino Costa na redação de jornais e sua crença nesse instrumento para a difusão do "progresso" ajudam a compreender sua iniciativa de fundar e editar o *Vida Escolar*.

Os dados apresentados mostram, assim, que o objeto escrito circulava significativamente em Lavras no período estudado: tipografias foram instaladas na sede e nos distritos, responsáveis pela produção de dezenas de periódicos; havia um número considerável de escolas públicas e particulares de ensino primário e secundário – incluindo as de tradição católica e presbiteriana – além do teatro, equipamento cultural de marcada importância para a difusão e circulação do escrito. Importante notar que a primeira biblioteca pública da cidade foi fundada em 22 de janeiro de 1909, pertencente ao Grupo Escolar, sob administração estadual,[18]

[17] Disponível em: <http://www.ibge.gov.br/seculoXX/estatisticaspopulacionais.shtm>.

[18] Nessa data, Minas Gerais já possuía 54 bibliotecas (IBGE, 1908-1912).

ou seja, posteriormente ao fim da publicação do *Boletim*. Na ausência de uma biblioteca pública, as possibilidades de leitura para aqueles que não dispunham de um acervo próprio ou de condições de adquirir livros se voltavam especialmente para os impressos que circulavam em Lavras. A distribuição do ler e do escrever ocorria de modo semelhante a diversas outras partes do país, de modo desigual: apenas um quarto da população do município era alfabetizada em 1920, destacando-se, nesse grupo, os homens em relação às mulheres e os habitantes da sede do município em relação aos dos distritos.

O leitor nas páginas do *Boletim*: uma análise do texto

Após buscar compreender o lugar que o escrito ocupava na cidade de Lavras no período estudado, voltamos às páginas do *Boletim* para (re)construir o seu potencial leitor. Para realizar essa (re)construção, fizemos diversos movimentos metodológicos. Como explicitado na introdução, analisamos, neste artigo, de diferentes modos, o próprio texto. Inicialmente, analisamos todos os momentos em que o autor/editor se dirige ou nomeia explicitamente um leitor. Posteriormente, analisamos os conteúdos dos textos, levantando hipóteses sobre que tipo de leitor se interessaria por eles. Por fim, analisamos a escrita de um conjunto de textos elaborados especificamente para o *Boletim*: as estratégias de convencimento utilizadas, as aproximações e os distanciamentos da escrita legítima e da oralidade, a "enciclopédia" do suposto leitor.

O leitor explicitamente nomeado

Nas páginas do *Boletim*, em vários momentos, o autor/editor nomeia explicitamente um suposto leitor. São artigos em que, expressamente, o editor se dirige, por exemplo, "aos conterrâneos", "aos pais" ou "aos professores". Realizamos, inicialmente, uma análise quantitativa desses artigos (que perfazem um total de 75, em um universo de 461 textos). Na tabela e no gráfico a seguir, é possível visualizar quem é o maior destinatário explícito[19] do *Boletim Vida Escolar*:

[19] Realizar a categorização dos artigos segundo esse critério não foi tarefa simples e exigiu, como ocorre com qualquer trabalho desse teor, fazer opções em meio às várias possibilidades colocadas pelas fontes. As classificações realizadas trazem, assim, certo grau de arbitrariedade.

Tabela 4 – Referências explícitas ao leitor

Possível leitor	**n**	**%**
Cidadãos de Lavras	36	48
Comunidade escolar em geral (outras instituições de Lavras e outras localidades de Minas Gerais)	11	15
Família de alunos do Grupo Escolar de Lavras	8	11
Membros do Grupo Escolar de Lavras (professores e alunos)	7	9
Cidadãos de outras localidades de Minas Gerais	7	9
Governo estadual	6	8
Total	75	100

Fonte: COSTA. *Boletim Vida Escolar*, 1907-1908.

Gráfico 1 – Leitores explícitos

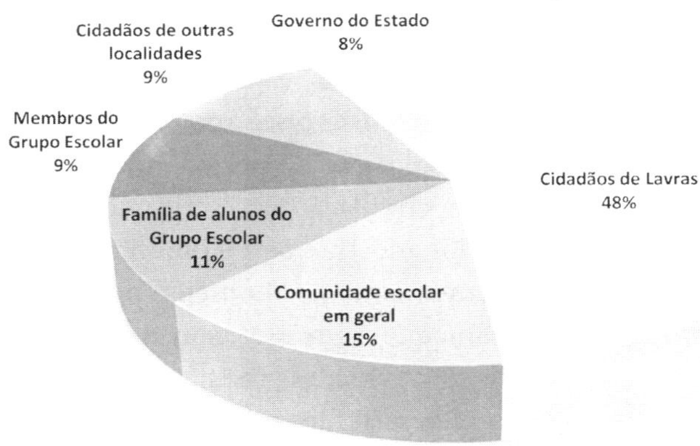

Fonte: COSTA. *Boletim Vida Escolar*, 1907-1908.

A análise quantitativa dos textos que se dirigem explicitamente a um leitor específico parece não deixar dúvidas: os "cidadãos" de Lavras constituem o maior destinatário do *Boletim* – são referidos em cerca de metade dos textos objeto da presente análise. Na página inicial do primeiro número do *Boletim*, esse leitor já é anunciado:

> Destina-se o presente boletim a prestar informações *sobre o movimento da instrucção* deste município e a *dar noticias que interessem ao progresso de Lavras.*

> Será elle um indicador do desenvolvimento da nossa instrucção, um registro de dados estatísticos concernentes a essa parte de Minas, um repositório de subsídios para a geographia e a historia de Lavras, um porta-voz de todos os esforços empregados em prol do adeantamento desta terra.
>
> Para melhor preencher o seu fim, não entrará a *Vida Escolar* em questões religiosas ou políticas e guardará completo silencio em relação a factos reprováveis.
>
> Como se vê, o fim principal desta publicação é *tornar conhecido o município de Lavras, para que elle seja devidamente apreciado por todos os homens de valor.*
>
> Assim sendo, merecera sem duvida este boletim o apoio de todos os *nossos conterraneos*, dos quaes elle espera generoso acolhimento (BVE, v. 1, n. 1, p. 1, grifos nossos).

Os "conterrâneos", os "homens de valor" são, portanto, os destinatários do *Boletim*. Mas quem Firmino Costa chamava de "conterrâneos"? A quem interessava ler sobre o "movimento da instrução" do município e sobre notícias sobre o progresso da cidade? A quem interessava ter um órgão que fosse "porta-voz de todos os esforços empregados em prol do adeantamento desta terra"? Quem é o "amigo de Lavras" e "leitor do Vida Escolar" (BVE, v. 2, n. 34, p. 4) a quem Firmino Costa pede apoio, ao que parece, financeiro, para dar continuidade à publicação do periódico? A análise da distribuição do ler e do escrever e da circulação do escrito no município no período, realizada na seção anterior, mostra que a "comunidade leitora" da cidade era formada, predominantemente, por homens (possivelmente brancos) moradores da sede do município e que exerciam, ao contrário da maior parte da população que vivia de atividades vinculadas à agricultura, ocupações na indústria e profissões liberais. Eles constituíam, a princípio, predominantemente, o público leitor visado por Firmino Costa.

Firmino Costa utiliza diversas estratégias discursivas, que serão mais bem analisadas em outra seção deste artigo, para convencer esse público leitor de que a causa pela qual trabalha – em torno da educação e do "progresso" de Lavras – merece adesão. Em sua argumentação, mesmo o leitor que não se sentiria, em princípio, "cidadão", passa a sentir-se como tal, na medida em que se torna adepto da causa propalada pelo periódico. O público visado, portanto, não apenas se sente convocado para a causa, mas é, ele próprio, construído como cidadão. Como afirma Umberto Eco (1986), um texto, além de prever um leitor, busca instituir esse leitor.

Os procedimentos discursivos utilizados para realizar essa instituição fazem com que o leitor se sinta pertencente a uma rede de sociabilidades da qual participam personagens que ocupam posições sociais, culturais e/ou econômicas decisivas no município e em municípios circunvizinhos. Ele se sente, portanto, também uma pessoa de "distinção" (BVE, v. 1, n. 7, p. 2). Na própria descrição da inauguração do Grupo Escolar, publicada no segundo número do *Boletim*, Firmino Costa destaca a presença desses homens na solenidade: juízes de direito e de paz, delegados de polícia e de higiene, deputado federal, tenente-coronel, diretor de jornal, além de autoridades educacionais, como inspetor escolar, diretor da Escola Normal e professores. Ao lado das autoridades, encontravam-se, nas palavras do editor, "muitas famílias e grande número de povo" (BVE, v. 1, n. 2, p. 1). Na mesma direção, no número 7 do *Boletim*, Firmino Costa menciona o "benévolo" acolhimento que "o município" estava dando ao periódico, citando, nominalmente, "doutores", "coronéis" e "homens 'de letras'" que haviam colaborado com artigos, informações e documentos, para a elaboração do *Boletim* até então.

Assim, quem lê o *Vida Escolar* acredita nas notícias e informações veiculadas e as abraça: mesmo que eventualmente seja "povo", torna-se também uma pessoa "benevolente" (BVE, v. 2, n. 34, p. 4) e de "distinção" (BVE, v. 1, n. 7, p. 2). Afinal, nas palavras do editor do periódico: "Só quem não tem amor a Lavras poderá desestimar o Grupo" (BVE, v. 1, n. 18, p. 1). O cidadão comum não se sente, portanto, sozinho, mas próximo aos personagens citados pelo *Boletim*, "homens de bem", membros da elite econômica e cultural da região que, embora certamente apresentassem divergências entre si, passavam a se constituir de modo diferente, arregimentados e comungados em torno de uma causa comum, insuspeita e, nas palavras de Firmino Costa, "sacrosanta" (BVE, v. 1, n. 17, p. 1): a instrução, materializada na formação dos "pequenos lavrenses" (BVE, v. 1, n. 18, p. 1; BVE, v. 2, n. 34, p. 4) e na campanha contra o analfabetismo.[20] Afinal, a instrução seria condição indispensável para a "estabilidade do progresso lavrense" (BVE, v. 2, n. 24, p. 1).

[20] Na Primeira República, quando se reitera a proibição do voto do analfabeto, estabelecida pela Lei Saraiva (Decreto nº 3.029, de 9/1/1881), tornam-se cada vez mais recorrentes discursos que relacionam o analfabetismo ao atraso econômico, social e cultural do país e, por sua vez, a alfabetização e educação ao progresso e à civilização, movimento que Jorge Nagle (1974) denominou "entusiasmo pela educação". Ver, entre outros, Galvão e Di Pierro (2007) e Ferraro (2009).

Além de se dirigir genericamente aos cidadãos de Lavras, o periódico, em vários momentos, publica textos em que o autor/editor dá rosto a essas pessoas, principalmente àquelas que participaram de eventos ocorridos no Grupo Escolar. Esses agradecimentos podem se dirigir, por exemplo, ao "povo" de Lavras pelas colaborações recebidas para a realização da festa escolar (BVE, v. 1, n. 14, p. 2) ou ao "cidadão" que compôs o hino do Grupo (BVE, v. 1, n. 16, p. 3); contribuiu para a caixa escolar (BVE, v. 2, n. 25, p. 3; v. 2, n. 28, p. 2; v. 2, n. 33, p. 3; v. 2, n. 34, p. 3); vacinou os alunos (BVE, v. 2, n. 24, p. 3; v. 2, n. 31, p. 2); contribuiu para a oficina de sapateiro (BVE, v. 2, n. 28, p. 2); doou fazendas aos alunos do Grupo (BVE, v. 2, n. 30, p. 2); pintou o estandarte, fez a ornamentação, preparou os escudos ou organizou a apresentação musical em festas escolares (BVE, v. 1, n. 14, p. 2; v. 1, n. 15, p. 2; v. 2, n. 20, p. 3). Firmino Costa também agradece ao editor da *Folha de Lavras* por publicar elogios ao Grupo Escolar no jornal (BVE, v. 2, n. 24, p. 2).

Os "cidadãos" de outras localidades de Minas Gerais, incluindo os distritos pertencentes ao município de Lavras, como se pode ver na tabela e no gráfico apresentados anteriormente, também são destinatários privilegiados do *Boletim*: aparecem em cerca de 9% dos textos que se dirigem explicitamente a um leitor. Por meio da análise desses textos, verifica-se que o modo de o periódico se dirigir a esse leitor potencial é bastante semelhante ao utilizado para o cidadão lavrense: destaca, para o "povo mineiro", a situação das instruções primária e profissional no Estado (BVE, v. 1, n. 5, p. 2); estimula os moradores de Perdões a lutar pela construção de um grupo escolar no povoado (BVE, v. 1, n. 13, p. 1); dá condolências a famílias que tiveram mortes recentemente (BVE, v. 1, n. 3, p. 3). Também são publicados agradecimentos a autoridades de outras localidades por convites e doações recebidos (BVE, v. 2, n. 20, p. 3; v. 2, n. 32, p. 2) e congratulações por matérias publicadas em outros jornais (BVE, v. 1, n. 9, p. 2).

Os artigos em que o destinatário explícito é o Governo do Estado e/ou autoridades governamentais constituem, de modo geral, solicitações realizadas por Firmino Costa e/ou seus colaboradores para concretizar o "adeantamento" de Lavras. Esses textos podem se referir tanto a assuntos mais amplos, como à campanha contra o trabalho infantil (BVE, v. 1, n. 10, p. 1) e a favor da obrigatoriedade da instrução primária (BVE, v. 2, n. 32, p. 2), quanto a pedidos pontuais, quando solicita, por exemplo, um compêndio de História do Brasil (BVE, v. 2, n. 28, p. 2). O *Boletim* parece servir, então, para tornar públicas as relações entre o editor do jornal e diretor do Grupo Escolar e as autoridades estaduais.

Contudo, a análise quantitativa realizada mostra, ainda, que a comunidade do próprio Grupo Escolar era também destinatária privilegiada dos artigos publicados no *Boletim*: cerca de 20% do *corpus* analisado neste item se dirigia às famílias dos alunos da escola (11%) e aos professores e alunos (9%).

O *Boletim* se refere às famílias dos alunos do Grupo Escolar, na maioria das vezes, por meio dos "chefes de família". A análise parece indicar que, na visão do editor, eles são os principais responsáveis pelo sucesso da instrução. Na primeira página do número 9 do *Boletim*, publicado em 1º de setembro de 1907, o primeiro texto publicado tem como título, escrito em tipos grandes e em negrito, "Aos chefes de família". Nele, o autor (provavelmente o próprio Firmino Costa) assim se expressa:

> Reconhecem todos que é uma das principaes obrigações do chefe de familia educar os filhos. O pae ou a mãe não deve faltar a essa obrigação, ainda que lhe custe sacrifício. Não basta trabalhar para prover os filhos de alimento e de vestuario: é necessario prepararlhes o espírito, a fim de desenvolver a intelligencia, os sentimentos e a actividade dos pequenos. Só por esse meio podem os pais fazer a felicidade da prole – tratando não só do corpo, mas também do espirito de seus filhos. E assim como o pae procura conhecer o alimento e o vestuário para os filhos, assim deve tratar de saber qual a educação ministrada aos mesmos pela escola.
>
> Felizmente possue esta cidade o Grupo Escolar, que dá a todos gratuitamente a instrucção primaria, de accordo com um programma vantajoso ao futuro do menino. O Grupo merece por isso a attenção dos paes e das mães de familia, e si bem observamos, é elle estimado pela grande maioria de seus alumnos.
>
> Assim sendo, desejamos que as familias venham visitar este estabelecimento em qualquer dia útil, á hora regulamentar (p. 1).

Em outros artigos, Firmino Costa reitera essas mesmas ideias, expressas de outros modos. Em artigo que ocupa toda a primeira página e uma parte da segunda do número 20 do *Boletim*, publicado em 15 de abril de 1908, o editor apresenta diversos argumentos para convencer os pais de que não devem tirar os filhos da escola antes de estarem formados. Argumenta o autor que muitos pais tiram as crianças da escola para auxiliá-los no trabalho:

> Meditem sobre isso certos paes de familia, e pelo amor de Deus, esqueçam-se de seu egoismo e attendam ao bem de seus filhinhos. O trabalho é nobilissimo, ninguem contesta, mas o estudo é tambem um trabalho, e é o trabalho proprio do menino em idade escolar (p. 1).

Em outros artigos, o editor conclama os chefes de família para a campanha para matrícula (BVE, v. 2, n. 34, p. 3); para a matrícula durante as férias (BVE, v. 2, n. 19, p. 73); convoca-os a participar mais do Grupo Escolar (BVE, v. 2, n. 29, p. 1) e expressa condolências pela morte de parentes dos alunos (BVE, v. 2, n. 23, p. 2; BVE, v. 2, n. 34, p. 3).

É também a esse público que Firmino Costa se dirige quando afirma que aqueles que não compreendessem o boletim escolar poderiam comparecer ao Grupo para receber as explicações pessoalmente:

> Si acaso alguém não comprehender bem o boletim escolar, estamos prompto a dar-lhes as precisas explicações. O que não póde ser é o pae deixar de acompanhar a educação do filho: é esse um de seus primeiros deveres. Amar ao filho não é só dar-lhe de comer e de vestir, não é só tratar delle nas doenças, é também preparar-lhe a intelligencia para as luctas da vida, seguindo com todo interesse e constancia do trabalho do menino na escola (BVE, v. 2, n. 21, p. 1).

Firmino Costa inclui, entre os "chefes de família", não apenas aqueles que têm filhos matriculados no Grupo Escolar, mas também aqueles cujas crianças ainda não estudam, sobretudo as mais pobres. O editor se dirige a esse público convidando-o a visitar a escola "em qualquer dia util" (BVE, v. 1, n. 9, p. 1), "sem acanhamentos", na medida em que o Grupo

> pertence ao povo, elle é principalmente dos meninos de Lavras. Teremos sincero prazer em conversar com os paes e mães de familia sobre os seus pequenos, cujo futuro também nos interessa. Aos pobres, ainda mais que aos outros, precisamos de dizer algumas palavras a bem de seus filhos. E não considerem a visita ao Grupo como um simples passeio ou perda de tempo, antes como cumprimento de um dever, como serviço que prestam aos filhos (BVE, v. 1, n. 9, p. 1).

Como já discutimos, o Grupo Escolar de Lavras recebia também alunos pobres, em geral referenciados quando o periódico discute a caixa escolar. Certamente, os pais desses alunos, possivelmente pouco habituados ao universo da cultura escrita, não eram os leitores visados nesses artigos. É possível pensar, entretanto, que eles seriam também interpelados indiretamente: por meio dos pais alfabetizados e das próprias crianças. É possível pensar também – hipótese mais provável – que esses artigos constituíam mais uma estratégia de Firmino Costa para ganhar a simpatia do público leitor mais evidente do *Boletim*: os "conterrâneos" que ocupavam posições sociais de prestígio na região. Afinal, certamente causaria admiração nesse público perceber que o editor buscava se aproximar daqueles a quem mais interessava a causa da instrução: o "povo".

Por sua vez, os professores do Grupo Escolar são relativamente pouco referidos explicitamente como leitores do periódico: em um dos textos, o editor parabeniza os professores das oficinas (marcenaria, serralheria, sapataria e costura) pela exposição dos alunos (BVE, v. 2, n. 33, p. 3); em outro, dirige-se a um professor do Grupo para lhe dar os pêsames (BVE, v. 1, n. 8, p. 2). Há outro artigo que merece ser destacado: intitula-se "Disciplina escolar", foi publicado no número 4 do *Boletim* e ocupa duas páginas, em três colunas. Nele, Firmino Costa elenca uma série de ações práticas que podem ser realizadas no cotidiano da escola para melhorar a disciplina dos alunos sem que o professor recorra ao castigo corporal. Trata-se de um artigo de teor eminentemente pedagógico. Ao longo de dois terços do artigo, o autor não se dirige explicitamente aos professores, que são referidos sempre em terceira pessoa: "[...] o professor [...] em vão se esforçará"; "[...] procure o professor captar"; "ganhará para o professor", etc. Na última parte, ao apresentar 12 regras do "sistema de disciplina pelas reações naturais" de Spencer, Firmino Costa muda seu modo de enunciação: passa a se dirigir diretamente ao professor, dando-lhe conselhos práticos de como agir: "Se ele fere o companheiro com a caneta, *ponha-o* em separado ou com um mais forte, para evitar essa maldade" (BVE, v. 1, n. 4, p. 1, grifos nossos); "*Mande-o* laval-a na mesma escola" (BVE, v. 1, n. 2, p. 3, grifos nossos); "*Excite-o* a falar a verdade" (BVE, v. 1, n. 2, p. 4, grifos nossos). É possível que a questão da indisciplina estivesse presente no cotidiano do Grupo Escolar, e Firmino Costa, nesse momento, posiciona-se muito mais como o diretor da escola que precisa formar professores do que o editor do jornal que busca arregimentar fiéis para a "cruzada" em torno da instrução.

Por fim, os alunos do Grupo são nomeados como leitores em apenas uma notícia. Nela, Firmino Costa pede que eles se lembrem de agradecer ao Secretário do Interior, Carvalho Britto, pela existência do Grupo Escolar (BVE, v. 1, n. 13, p. 1).

Todos esses dados corroboram a nossa hipótese inicial de que o *Boletim* era um veículo utilizado por Firmino Costa para dar visibilidade às suas ações em prol da educação e às suas ideias educacionais. Visava, portanto, alcançar, além da comunidade do Grupo Escolar, um leitor mais amplo, influente, letrado, constituído pela elite da cidade e, mais amplamente, do Estado. Firmino Costa não mediu esforços para fazer o *Boletim* circular fora das fronteiras locais, enviando-o para o Secretário do Interior e, em 1908, no segundo ano de impressão, o periódico já era distribuído por todos os Grupos Escolares de Minas Gerais (BVE, v. 2, n. 30, p. 1). A instituição de prêmios para recompensar alunos que se destacassem por bom comportamento, bons rendimentos e assiduidade, denominando esses prêmios com nomes de autoridades políticas locais e estaduais e de professores da cidade, já falecidos, também indica uma maneira de prestigiar essa elite (BVE, v. 1, n. 5, p. 1-2; BVE, v. 1, n. 7, p. 1 -2; BVE, v. 2, n. 21, p. 1-2).

A maior parte dos artigos, no entanto, não se refere explicitamente a um leitor. É possível, contudo, por meio da análise da temática sobre a qual se debruçam, levantar indícios de que leitores poderiam estar interessados em lê-los. É o que discutiremos no próximo tópico.

O leitor suposto a partir das temáticas discutidas nos artigos

Que assuntos eram, então, mais tematizados no *Boletim*? O *Boletim* não possuía seções fixas, embora houvesse certa estabilidade na lógica de sua organização, na recorrência de algumas temáticas e no modo como eram tratadas.

Nesta parte, procuramos analisar os assuntos mais frequentes no *Boletim*, as permanências e transformações no espaço dedicado a cada um deles e a sua localização no periódico. Esses elementos, somados aos demais, possibilitarão compreender melhor quem eram os leitores visados por esse impresso.

A tabela a seguir permite visualizar o espaço ocupado por assunto veiculado no periódico.[21]

[21] A quantidade de páginas por assunto foi calculada de modo aproximado, contando-se inicialmente a quantidade de colunas ocupadas por assunto e, quando necessário, quantas linhas ocupavam em cada número, seguindo-se à soma desse total.

Tabela 5 – Conteúdos do *Boletim Vida Escolar* distribuídos por número de páginas e porcentagem relativa ao total de páginas do Boletim[22]

Matérias/número		Páginas	%	Subcategorias agrupadas
Grupo Escolar	BVE	1,7	1,28	42,75% (52,8p)
	Descrição (do Grupo)	15,5	11,4	
	Exames/matrícula	11,1	8,14	
	Festas/exposições	10,3	7,60	
	Família	8,2	6,00	
	Professoras(es)	5,2	3,81	
	Visitas	3,4	2,47	
	Doações	2,8	2,05	
Outras escolas		12	8,70	8,7%
Educação/ instrução	Escolar	14,5	10,7	13,4% (18,2p)
	Não escolar	3,7	2,70	
Notícias	Locais	13	9,80	12,04% (16p)
	Gerais	3	2,24	
Biografias		11	8,00	8%
Atividades culturais em Lavras		1,3	1,00	1%
História de Lavras		19	14,00	14%
Total		136	100,00	100%

Gráfico 2 – Conteúdos do *Boletim Vida Escolar*

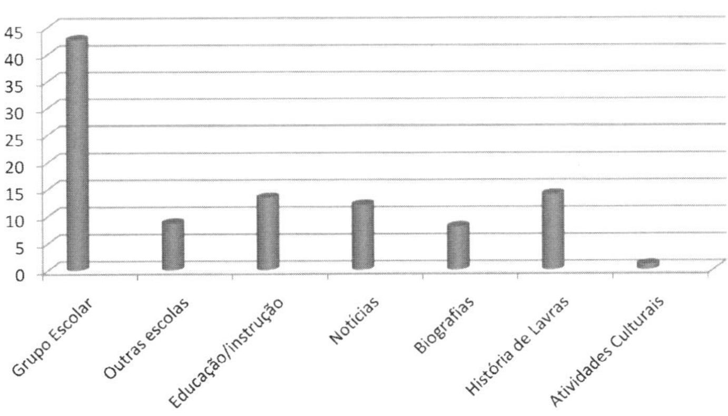

[22] O cálculo foi feito de modo aproximado quando as matérias não ocupavam colunas ou páginas inteiras: contou-se o número de linhas que ocupavam, procedendo-se à soma do número de linhas relativas ao mesmo assunto, o que resultou no número de páginas final e a fração.

Gráfico 3 – Conteúdos do *Boletim Vida Escolar* separados por subcategorias

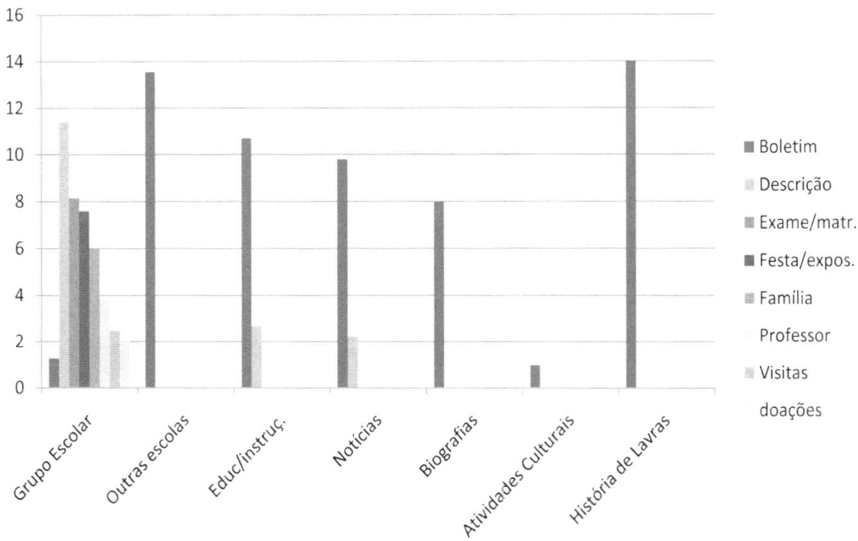

Como podemos observar por meio dos gráficos anteriores, a temática mais abordada no *Boletim* é o próprio Grupo Escolar. Nessa categoria mais ampla, incluímos em: a) *Boletim*: as informações sobre o próprio periódico; b) *Descrição (do Grupo)*: os textos que discutem sobre os prédios, mobiliário, os novos cursos (educação profissional, por exemplo) que foram sendo criados, as transcrições dos Relatórios anuais enviados à Secretaria do Interior e ao inspetor, que explicam minuciosamente como funcionava o Grupo; c) *Exames/matrícula*: as listas de bancas examinadoras, lista de alunos(as), notícias sobre número de matriculados e frequentadores e listas das comissões que hastearam a bandeira. Nessa categoria, os alunos aparecem de maneira mais explícita, embora não apenas eles; d) *Festas/exposições*: as atividades escolares que procuravam dar visibilidade ao Grupo e mobilizavam a cidade, como formatura, festas de aniversário do Grupo, comemoração ao 15 de Novembro e exposições de trabalhos dos cursos profissionais; e) *Família*: as matérias que tinham como foco a relação das famílias (de alunos do Grupo ou não) com o Grupo; campanhas de mobilização, solicitação de maior participação dos pais nas atividades escolares, crítica à falta de pontualidade e assiduidade dos alunos, retirada precoce dos filhos do grupo. Em geral, as famílias são criticadas; f) *Professores*: matérias, em geral curtas e sem maiores desdobramentos, que informavam sobre a situação desses profissionais, referidos predominantemente em pedidos de licença e na designação dos substitutos (o que é bastante recorrente). Algumas vezes são anunciados novos professores que assumem disciplinas específicas; g) *Visitas*: os anúncios das pessoas que visitaram o Grupo (autoridades políticas locais e estaduais, geralmente, e, por vezes, inspetores e professores de outras partes do estado, famílias e estudantes da Escola Normal e de outros cursos secundários) e as transcrições das anotações que esses visitantes fizeram no livro de registros da escola; h) *Doações*: o agradecimento a pessoas que faziam donativos à Caixa Escolar, que realizavam vacinações no Grupo, havendo também referências, principalmente no segundo ano, de doações de materiais para o ensino profissional.

Evidentemente, se o *Boletim* era um órgão do Grupo Escolar, seria esperado que ele fosse o principal objeto das notícias. Porém, a análise dos textos parece indicar que, além de *informar* à comunidade escolar e aos "conterrâneos" o que ocorria no cotidiano da instituição, parece haver um esforço de Firmino Costa em *instituir* o Grupo como o lugar de exemplaridade do que deveria ser feito em favor da instrução e, portanto, do progresso de Lavras e da região. Essa identidade do Grupo é construída em relação a dois "outros", com os quais Firmino Costa opera, por um lado, por contraste e, por outro, por pertencimento: as demais escolas do município e as ideias educacionais modernas. No conteúdo que agrupamos na categoria *Outras escolas*, o editor apresenta dados sobre os diversos estabelecimentos de ensino, públicos e privados, do município. Ao mesmo tempo que cumprem um dos objetivos propostos para o periódico – o de informar sobre a situação educacional mais ampla da região, que ultrapassava o Grupo Escolar, – essas notícias também podem ser interpretadas como uma estratégia do editor em se distinguir das demais iniciativas educacionais existentes em Lavras. Quando apresenta, por exemplo, dados estatísticos sobre as escolas e os alunos, Firmino Costa parece querer destacar a significativa importância do Grupo Escolar em relação a iniciativas privadas de ensino, que eram variadas; aos estrangeiros, que tinham força no Instituto Evangélico; e também em relação a Azarias Ribeiro, que dirigia vários estabelecimentos, alguns dos quais à sua própria custa.

A construção da exemplaridade do Grupo Escolar nas páginas do *Boletim* também se dava por meio da explicitação do pertencimento da instituição às mais modernas tendências pedagógicas da época. Essa discussão torna-se mais evidente nas matérias que agrupamos na categoria *Educação e instrução*, o terceiro conjunto temático mais numeroso. Esses textos trazem reflexões diversas sobre processos educativos escolares e não escolares. Mesmo nesse último caso há, de modo geral, desdobramentos em forma de orientações práticas para os professores e as escolas. A instituição da exemplaridade do Grupo se dá, nessas matérias, pela vinculação das práticas pedagógicas da instituição à moderna pedagogia, calcada nos princípios do método intuitivo e da higiene. Firmino Costa e/ou seus colaboradores, quando comentam, por exemplo, sobre a transmissão de doenças pelo beijo nas crianças ou sobre a importância da leitura, estão também fazendo circular a ideia de que o Grupo Escolar, por princípio e por coerência, pertence a um grupo de instituições que põe em prática os pressupostos higienistas e do método intuitivo. São, portanto, matérias em que Firmino Costa e/ou seus colaboradores têm mais uma oportunidade para apresentar argumentos, expor e difundir ideias sobre a educação e a instrução modernas.

A seção *História de Lavras* é a que ocupa o segundo maior volume no *Boletim*, ao longo de seus dois anos de publicação. Constante em quase todos os números do primeiro ano, geralmente é a última matéria do periódico e ocupa cerca de um terço do conteúdo total de cada número. A história do município é narrada desde os seus primórdios, por capítulos, até a proclamação da República, publicada no último número do *Boletim*. O modo de construir a narrativa é cronológico, destacando-se datas e personagens significativos no desenrolar dos acontecimentos. Muitas vezes, como era comum à história acontecimental, hegemônica no período, a narrativa dos acontecimentos vinha acompanhada de uma descrição detalhada da Geografia – ou da Chorographia, como era mais corrente – dos lugares. A que serve essa história na construção/constituição/instituição dos leitores do *Boletim*? A história é capaz de *instituir* o sentido de comunidade entre os "conterrâneos": temos um passado comum – monumentalizado na narrativa – que nos torna semelhantes, que nos dá uma identidade. A recuperação desse passado – glorioso, aurífero – poderia ser uma estratégia eficiente para convencer os "conterrâneos" de que o destino inexorável de Lavras era o progresso, que já estava sendo visualizado e materializado no município naquele princípio de século. Nas matérias que agrupamos na categoria *Notícias*, esse "adiantamento" era continuamente reiterado: a construção de pontes e estradas; a ampliação da malha ferroviária; e as notícias sobre a iluminação pública o tornavam visível. Não apenas o passado fora glorioso, mas havia indícios, que deveriam ser partilhados, de que o município estava, como alguns outros do país e do mundo,[23] progredindo. O progresso do município se dava, como ocorreu no passado, graças à ação de personagens ilustres, que tinham um resumo de suas vidas publicadas no *Boletim*; esses textos foram agrupados na categoria *Biografias*, que ocupavam um espaço significativo em cada número do periódico.

A análise dos conteúdos veiculados no *Boletim Vida Escolar* corrobora e ao mesmo tempo fornece um maior número de dados para a nossa hipótese inicial: o periódico é uma maneira de Firmino Costa, por meio da apresentação das diferentes atividades do Grupo Escolar, dar visibilidade às ações educacionais por ele realizadas, difundir suas ideias pedagógicas e persuadir a elite letrada de Lavras e, mais amplamente, de Minas Gerais, de que seu engajamento em prol do progresso da instrução era legítimo. Ao mesmo tempo, Firmino Costa parecia acreditar no papel formativo do próprio jornal: por meio das matérias nele publicadas, poderia convencer os "cidadãos" lavrenses de que o progresso estava presente não apenas na situação educacional, mas em várias outras dimensões da vida no município. A emergência desse progresso seria consequência da própria história de Lavras, narrada no *Boletim*, marcada pela grandeza e monumentalidade.

Modos de convencimento do leitor: uma análise das estratégias discursivas utilizadas nos textos

Outro modo de levantar indícios acerca do perfil do leitor visado pelo editor do *Boletim Vida Escolar* é analisar a própria construção da escrita dos textos. Para realizar essa análise, selecionamos, no interior do *corpus* mais amplo, artigos que, contemporaneamente, denominaríamos "editorial": são artigos de opinião, em geral sobre educação e instrução, possivelmente escritos pelo editor do periódico. Costumam ser a matéria de abertura de cada número e ocupam, em média, uma página. Analisamos, nesses textos, principalmente, as estratégias utilizadas para convencer o leitor de seus propósitos.

---

[23] Ver, por exemplo, em BVE, v. 1, n. 17, p. 1, que propunha uma campanha para a erradicação do analfabetismo, sugerindo o exemplo de Genebra; BVE, v. 1, n. 10, p. 1, que faz um apelo em prol da proteção da infância, a exemplo do que se fazia no Rio de Janeiro; BVE, v. 1, n. 7, p. 2, que noticia que o Grupo Escolar de São Paulo era bastante frequentado e mesmo disputado.

Quanto às características mais gerais dos textos analisados, pode-se afirmar que os do primeiro ano de circulação do *Boletim* são, em sua maioria, de natureza descritiva/explicativa, visando dar a conhecer ao leitor o Grupo Escolar de Lavras, seus aspectos materiais e as atividades desenvolvidas, tais como a festa de 15 de Novembro, os trabalhos manuais, a contratação de professores substitutos, o ensino profissional, a legislação que regia o controle de frequência, entre outros. As matérias constituintes do segundo ano, por sua vez, possuem caráter mais crítico, persuasivo e prescritivo, sendo também marcantes os textos elogiosos voltados principalmente para homenagear autoridades. O tom crítico é dirigido especialmente às famílias, seja persuadindo-as a encaminhar os filhos ao Grupo, seja criticando o excesso de faltas dos alunos ou o abandono da escola pelos filhos antes de concluírem o curso primário. Esses temas, somados a outros em que se criticam as escolas "antigas" ou se discute sobre a "instrução obrigatória", sugere que, após o primeiro ano de funcionamento do Grupo Escolar, ele ainda enfrentava sérios problemas relacionados ao número de alunos matriculados, à assiduidade e à evasão, não se podendo desconsiderar a existência de outras escolas, públicas e privadas, como corresponsáveis por esse quadro.

Os artigos que abrem o *Boletim* seguem, em geral, a organização padrão descrita a seguir. Inicialmente, Firmino Costa introduz a temática, em geral, com uma situação problema. Muitas vezes, essa introdução, que ocupa entre um e três parágrafos, é realizada em forma de perguntas – de certo modo, retóricas – que fazem o leitor se sentir, ao mesmo tempo, instigado e parte corresponsável pela resolução da problemática. No trecho seguinte, é possível visualizar o uso dessa estratégia discursiva pelo editor do periódico:

> Como se ha de manter a disciplina na escola sem recorrer a castigos corporaes? É esta uma questão que convem tratar (BVE, v. 1, n. 4, p. 1).

A introdução do artigo pode ser, também, em forma de tese/assertiva. O editor do periódico e diretor do Grupo já inicia o texto com uma afirmação que parece inquestionável a um leitor de bom senso, como podemos ver nestes exemplos:

> O menino, da mesma forma que o homem, deseja ver apreciado o seu trabalho. [...] Dahi a conveniencia de crear premios ou distincções que ponham em realce os meritos dos alumnos (BVE, v. 1, n. 5, p. 1).

> A escola deve ser protetora das creanças, que lhe pertencem quase como aos paes (BVE, v. 1, n. 10, p. 1).
>
> A escola deve ter um fim claramente definido, que não póde ser outro sinão o de preparar o povo para a vida. (BVE, v. 1, n. 11, p. 1).
>
> A importância da funcção visual é tamanha e de tal modo notoria que ninguém a desconhece (BVE, v. 1, n. 12, p. 1).
>
> Passaram-se os amnos, e hoje a Republica dever ser considerada pelos brasileiros como synonymo de Pátria, e não como uma fórma de governo que succedeu a monarchia. Não temos que discutir a Republica: ella está definitivamente estabelecida em o nosso paiz, é ela que representa o Brasil, – a nós nos cumpre amal-a, servil-a, engrandecel-a. [...] Acaso será isso um sonho, esse amor da Pátria, que não deve ficar contemplativo, mas que importa irradiar-se em factos, tornando o Brasil forte, feliz e rico? E quem nos dará esse amor, quem fará realidade esse bello sonho? A instrucção, a educação popular, não ha outro meio (BVE, v. 1, n. 14, p. 1).
>
> Parece que um novo espírito está presidindo ao desenvolvimento de Lavras (BVE, v. 2, n. 24, p. 1).

É em torno dessas teses que girarão os argumentos tecidos nos parágrafos seguintes.

Em um segundo momento do texto, que ocupa aproximadamente entre um e cinco parágrafos, Firmino Costa traz dados e fatos que induzem o leitor a antecipar respostas à dificuldade proposta. Em artigo intitulado "Diploma do Grupo" (BVE, v. 2, n. 30), o autor, depois de introduzir a temática em tom dramático e recorrendo a afirmações fortes – poucos meninos tirarão o diploma do Grupo – e a perguntas,[24] argumenta que o amor dos pais é "adormecido" para esse aspecto, o que explicaria a frequência irregular, sobretudo das meninas. Afirma, então, que os meninos que terminarem os estudos se tornariam homens de valor e que o diploma era valioso para se conseguir emprego.

A seguir, em três ou quatro parágrafos, levanta argumentos para que o leitor se convença de que as mudanças são necessárias. Para argumentar,

---

[24] "Não serão muitos os que hão de vencer o curso do Grupo, os que hão de conquistar o diploma deste instituto. Entretanto, sendo aqui tão facil alcançar esse diploma, que representa para o menino um capital productivo, como se explica a nossa previsão? Quaes empecilhos virão cortar para algumas creanças essa carreira, que lhes offerece o Grupo, tão promissora de prospero futuro? Oh! Então o trabalho constante e animado, que durante o dia enche esta casa, não será aproveitado por todos os meninos de Lavras?" (BVE, v. 2, n. 30, p. 1).

o editor realiza comparações – com outras instituições ou outros países, por exemplo – para fazer o leitor pensar que as coisas poderiam ser diferentes/melhores ou para informá-lo sobre quais ações já vêm sendo feitas no Grupo Escolar que o distingue da "escola antiga" (BVE, v. 1, n. 12, p. 1). Para fazer a transição dessa parte do texto para a sua conclusão, o autor, muitas vezes, recorre novamente ao uso de perguntas retóricas.

Por fim, nos últimos parágrafos do texto (de um a cinco), o editor traz sugestões práticas para que as mudanças possam ser realizadas. Pode, por exemplo, sugerir: a contratação de professores substitutos (BVE, v. 1, n. 3, p. 1); a instituição de prêmios para manter a disciplina escolar (BVE, v. 1, n. 4, p. 1); ações para melhorar a frequência dos alunos (BVE, v. 1, n. 7, p. 1); a abolição de certos tipos de trabalho para menores de 12 anos, como havia sido feito na capital federal (BVE, v. 1, n. 9, p. 1); como poderia ser organizado o ensino profissional (BVE, v. 1, n. 11, p. 1); como poderia ser a Educação Física na escola, citando o exemplo do governo português (BVE, v. 2, n. 25, p. 1). Pode, também, relatar ações que já estavam em curso no Grupo Escolar que já sinalizam a viabilidade de certas mudanças sugeridas: a organização das aulas de trabalhos manuais (BVE, v. 1, n. 8, p. 1); a higiene dos olhos das crianças (BVE, v. 1, n. 12, p. 1); as medidas tomadas para melhorar a frequência escolar (BVE, v. 2, n. 26, p. 1); a inauguração, em breve, da biblioteca do Grupo (BVE, v. 2, n. 31, p. 1). Pode, por fim, concluir o texto com um apelo aos "conterrâneos", para que se aliem à causa da instrução,[25] do Grupo Escolar[26] ou do próprio *Boletim* (BVE, v. 1, n. 1); aos pais, para que visitem o Grupo (BVE, v. 1, n. 9, p. 1) e/ou façam seus filhos frequentarem a escola (BVE, v. 2, n. 19, p. 1). No artigo a que nos referimos, "Diploma do Grupo", Firmino Costa reitera esse último aspecto. Nos dois últimos parágrafos do texto, que têm teor conclusivo, citando Manoel Bomfim, afirma que o tempo era "de propaganda da instrução" e que, nesse sentido, era necessário "fazer campanha contra a ignorância"[27] (BVE, v. 2, n. 30, p. 1).

---

[25] No *Boletim* v. 1, n. 17, p. 1, Firmino Costa solicita que os conterrâneos abracem a ideia de se tornar, seguindo o exemplo de Genebra, a primeira cidade do estado a "livrar-se do analfabetismo".

[26] Contribuindo com a caixa escolar, por exemplo (BVE, v. 2, n. 24).

[27] "Façamos a campanha contra a ignorancia; não há outro meio de salvar esta America, assim se exprime o dr. Manoel Bomfim em seu vigoroso livro *A America Latina*. Sem a instrucção da massa popular, não é só a riqueza que nos faltará – é a própria qualidade de *gentes* entre as gentes modernas" (BVE, v. 2, n. 30, p. 1).

É interessante observar que, na maior parte dos editoriais (em 19 dos 34 analisados), Firmino Costa utiliza a primeira pessoa do plural ao longo do texto. Esse pode ser um indício de que busca instituir um leitor – o "conterrâneo" – que seja seu aliado nas causas que defende. O uso do imperativo (em 16 artigos) indica que, em alguns momentos, era necessário ser mais assertivo e dar recomendações mais diretas, principalmente aos pais e aos professores. Por fim, em apenas dois textos observamos o uso da primeira pessoa do singular; são momentos em que Firmino Costa afirma diretamente as ações realizadas como diretor do Grupo, como detalharemos em outro momento deste artigo.

Há alguns editoriais que seguem um padrão diferente. Entre eles, destacam-se: a descrição da solenidade de instalação do Grupo (BVE, v. 1, n. 1); o planejamento e a narrativa da festa de 15 de Novembro (BVE, v. 1, n. 13; BVE, v. 1, n. 15); a transcrição do Relatório do Grupo enviado ao Secretário do Interior (BVE, v. 1, n. 6); e as biografias de uma instituição (o Instituto Evangélico) e de personagens ilustres que haviam falecido recentemente (como Guilhermina Gammon, esposa do fundador do Instituto Evangélico; Victoria de Paiva, professora do Grupo; e João Pinheiro, então presidente do estado), como meio de homenageá-los. Mas talvez o editorial mais interessante publicado no *Boletim* seja aquele em que o autor escreve uma carta para um fictício[28] pai pobre de um aluno no Grupo (BVE, v. 2, n. 29). O título já constitui um convite à leitura e, ao mesmo tempo, um apelo: *Vosso filho*. Inicialmente, Firmino Costa afirma que o pai que tem filho em idade escolar tem obrigação de "desenvolver-lhe a intelligencia e ensinar-lhe o trabalho" (p. 1). A seguir, afirma que, com certeza, o pai tem feito isso e, por esse motivo, certamente já deve ter ido ao Grupo conversar com os professores para saber do adiantamento do menino.[29]

[28] O recurso de criar personagens fictícios foi usado por Firmino Costa em outros textos publicados no *Boletim*. No número 32 do periódico, é publicada uma carta, intitulada "Impressões", cujo narrador é um suposto adulto que não teve oportunidade de estudar em uma boa escola: "Vale a pena ser menino em Lavras e frequentar o Grupo. Si eu, quando creança, tivesse estado em um escola assim, conservaria bem diversas recordações de minha infância. Olhe, a vida deve ter mais encantos para aquelles que atravessaram a meninince numa escola como o Grupo. Estas salas, estes recreios, estas officinas, são outras tantas testemunhas do contentamento que sentem aqui os alumnos" (BVE, v. 2, n. 32, p. 2-3).

[29] "Já aproveitastes uma meia hora para irdes com vossa mulher visitar o Grupo, esse lugar onde o menino está aprendendo? [...] Sem duvida já fizestes tudo isso, vós que comprehendeis vosso dever principal de zelar o mais possivel dessa interessante creança." (BVE, v. 2, n. 26, p. 1)

Dá continuidade à sua argumentação simulando que o pai faz tudo o que ele, como diretor da instituição, acredita que deve ser feito. Ao utilizar essa estratégia discursiva, Firmino Costa parece querer provocar constrangimento/vergonha no pai real,[30] ao mesmo tempo que busca instituir um pai ideal. Na mesma linha argumentativa, sugere que o pai é rico: do mesmo modo, não poderia descuidar dos estudos, pois o menino daria continuidade a eles em níveis superiores. Também não poderia descuidar da educação das meninas. Na conclusão do texto, reafirma o lugar do pai fictício como "cúmplice" na tarefa de educar, igualmente, meninos e meninas.[31]

Em quase todos os editoriais analisados, principalmente naqueles de tom predominantemente persuasivo e prescritivo/imperativo, Firmino Costa utiliza uma estratégia bastante interessante para se destacar entre os conterrâneos, entre os que ocupavam cargos importantes nas estruturas de poder do Estado e os gestores educacionais: por um lado, coloca-se incondicionalmente a favor da reforma de instrução,[32] autodenominando-se um colaborador; por outro, sempre dá sugestões de como ela pode ser aperfeiçoada. Coloca-se, portanto, como um aliado do governo, ao mesmo tempo que dele se distingue – positivamente. As sugestões para a melhoria da reforma são baseadas tanto em reflexões mais teóricas, que vão, progressivamente, constituindo um pensamento educacional próprio, quanto em experiências práticas que vêm sendo colocadas em ação no cotidiano da instituição que dirige, o Grupo Escolar de Lavras. Este trecho é exemplar nesse sentido:

> Por muito bem feitos que sejam os regulamentos, é de ver que somente a sua aplicação poderá dar-lhes o necessario complemento.
>
> *Nenhuma organização, por exemplo, mais pratica, mais consentanea ao nosso meio do que a atual instrucção primaria do Estado*, e no entanto *ella requer algumas medidas complementares.*

---

[30] "Sois um chefe de familia exemplar; conservareis vosso filho no Grupo até o quarto anno. Elle está agora no primeiro, em que o desenvolvimento é mais demorado; quando passar ao segundo, melhor apreciareis o seu progresso. [...] Pobre que sois, vireis a sentir grande alegria com o vosso filho que, alem de ficar com o espirito bastante cultivado, terá então um bom meio de vida" (BVE, v. 2, n. 26, p. 1).

[31] "Qual! O nosso amigo tem olhos e não vê, é preciso que nós dois, para o bem de sua familia, abramos os olhos dele à verdade. Tanto o homem como a mulher precisam de ser educados, egualmente educados. Si um e outro vão viver juntos, como eguaes, por que hão de ser deseguaes na educação?" (BVE, v. 2, n. 26, p. 1).

[32] Trata-se da reforma que institui os Grupos Escolares em Minas Gerais, de 1906.

> Entre estas podemos incluir a de que hoje vamos tratar, *sem outro intuito sinão o de cooperar com o governo do Estado* na reforma do ensino (BVE, v. 1, n. 3, p. 1, grifos nossos).

Após realizar essas afirmações, Firmino Costa descreve o então funcionamento do regulamento – e, para dar mais veracidade à sua descrição, transcreve integralmente algumas disposições regulamentares – para se (nos) perguntar: "Serão favoráveis ao ensino taes disposições? Parece-nos que não. Haverá meios de obviar a esses inconvenientes sem ônus para o Estado? Vejamos" (BVE, v. 1, n. 3, p. 1). Como em outros artigos do gênero, tece argumentos quanto ao modo de funcionamento de outras organizações para dar sugestões de mudança: "Si assim é, por que não criar substitutos nos Grupos Escolares? Esse o meio de remediar as lacunas apontadas". Dá sugestões concretas, para chegar à argumentação final e concluir o artigo.

Na realidade, Firmino Costa utiliza diversas estratégias para construir um lugar de prestígio que o distinga dos demais gestores educacionais. Em outras matérias publicadas em espaços diversos do *Boletim*, ele publica os relatórios que envia para o secretário do Interior; ofícios recebidos[33] e relatórios, de modo que seu trabalho seja reconhecido por alguém com autoridade e prestígio; transcreve diversos registros deixados nos livros de visitas,[34] principalmente aqueles escritos por autoridades e que contêm elogios; divulga correspondências recebidas. Além disso, Firmino Costa publica notícias em que ele próprio é protagonista, como a seguinte: "O director do Grupo Escolar foi honrado com a eleição, que muito agradece,

[33] "Tenho em meu poder o relatorio que apresentastes sobre os trabalhos e o desenvolvimento do grupo escolar sob vossa direcção, e vos declaro que a minha impressão ao lel-o foi muito boa; realça o methodo, a firmeza e a meticulosa attenção com que desempenhaes vossas importantes funções de director de um estabelecimento pedagogico. Confio muito em vossos esforços, aguardando os fructos opulentos que o novo ensino ha de dar e já vae produzindo" (Trecho do ofício enviado pelo Secretário do Interior. BVE, v. 2, n. 19, p. 2).

[34] Do Dr. Zoroastro de Alvarenga, "um dos espiritos mais esclarecidos do Congresso Mineiro, de que é digno deputado", transcreve o seguinte registro: "Das visitas repetidas que tenho feito a este Grupo Escolar me tem ficado a convicção sincera de que nesta casa se vae praticando efficazmente a reforma do ensino primário decretada pelo Governo do Estado. Nem outra cousa podiam esperar aquelles que, como eu, conhecem a rara competencia e infatigavel operosidade do douto professor, sr. Firmino da Costa Pereira, ao qual, em boa hora, foi confiada a ardua missão de dirigir o instituto nascente [...]" (BVE, v. 1, n. 14, p. 2).

de seu nome para socio correspondente da Sociedade de Geographia do Rio de Janeiro, da qual é digníssimo presidente o venerando e illustrado sr. Márquez de Paranaguá" (BVE, v. 1, n. 8, p. 2).

Outra estratégia utilizada por Firmino Costa para se distinguir dos demais gestores educacionais é a de, ao se referir às solenidades ocorridas no Grupo, destacar a presença de autoridades e atribuir-lhes o papel de elogiar o trabalho desenvolvido. Ao descrever a solenidade de inauguração do ensino profissional, por exemplo, afirma que "A impressão causada em todos pela visita ás officinas foi excellente, recebendo por isso o director do Grupo muitas felicitações" (BVE, v. 2, n. 22, p. 2).

Firmino Costa busca convencer o leitor de que seu trabalho é tão eficaz que até mesmo membros de outras escolas reconhecem o seu trabalho, como pode ser visto nos registros deixados no livro de visitas:

> A Exma. D. G. Marchant, directora do collegio Carlota Kemper, assim escreveu, em inglez: "This my first visit to a Brazilian School gave me a most pleasant impression of the educational progress being made in this beautiful land" (BVE, v. 2, n. 25, p. 3).
>
> [...] O sr. Firmino Costa, incansavel amigo das creanças, pode orgulhar-se pelo seu trabalho, pois é impossivel que alguem tenha feito mais em obra tão meritoria (Azarias Ribeiro, diretor da Escola Normal de Lavras) (BVE, v. 2, n. 28, p. 2).

Nos próprios editoriais, a sua presença e atuação são destacadas. O texto que abre o número de estreia do segundo ano de publicação do *Boletim*, por exemplo, tem como título "Nas férias". Nele, Firmino Costa relata que "no decurso das férias não nos descuidámos do Grupo", tendo realizado um recenseamento escolar na cidade. Nas suas palavras, "para este fim tivemos que percorrer todas as casas, onde conversámos com os chefes de familia sobre o grande valor do Grupo, sobre as vantagens da reforma do ensino, sobre o dever de preparar melhor futuro para os pequenos lavrenses de hoje" (BVE, v. 2, n. 19, p. 1). Podemos afirmar que dificilmente os leitores para quem Firmino Costa se dirige, neste artigo, são os pais e mães de família visitados durante as férias. Essas pessoas, provavelmente, já haviam sofrido a intervenção considerada mais eficaz: a persuasão em "carne e osso" por meio da palavra oralizada. Possivelmente essas mesmas famílias tomaram conhecimento, pelo próprio Firmino, de que o Grupo Escolar ofereceria, nesse mesmo ano, o ensino profissional, através dos "trabalhos de oficina" e da "agricultura", formação técnica voltada para famílias que desejassem ou necessitassem de uma profissionalização "precoce" dos filhos. A explicitação desses novos cursos, assim como dos esforços em realizar o censo escolar na cidade, e o ideal de ver o progresso em Lavras por meio da escolarização dos meninos, no editorial publicado no *Boletim*, parecem estar voltados para aqueles leitores que compartilham desses mesmos ideais ou que o valorizam; esses sujeitos compõem as burocracias da administração pública ou estão, eles também, envolvidos com o desenvolvimento da instrução em outras localidades.

De maneira semelhante, Firmino Costa procede no último número publicado do *Boletim*. Dessa vez, no entanto, prefere utilizar a primeira pessoa do singular para se referir às ações por ele realizadas. A instituição encarna-se em um indivíduo; o Grupo Escolar e Firmino Costa tornam-se sinônimos. Depois de solicitar ao leitor que "volva a vista"[35] para o ano letivo que havia terminado, solicita que veja o quanto foi feito no Grupo e o seu papel no progresso da instrução. Nos quatro parágrafos seguintes, faz um levantamento dos melhoramentos ocorridos: oficinas, horta, aperfeiçoamento dos professores, o próprio *Boletim*, para concluir, no parágrafo final, que o ano foi proveitoso em relação "ao trabalho sacrosanto da instrução popular".[36]

Ao mesmo tempo que Firmino Costa coloca-se como a autoridade que detém o saber sobre assuntos educacionais, ele também supõe um leitor que, minimamente, partilhe esse conhecimento. A análise da enciclopédia do leitor sugere alguém bastante familiarizado com um vocabulário mais sofisticado e específico em relação à instrução. Firmino Costa faz referências à legislação educacional, mencionando, por exemplo, o regulamento e o programa oficial do ensino primário (BVE, v. 1, n. 8, p. 1); apenas cita e não explicita o conteúdo do artigo nº 26 da Lei referente à obrigatoriedade escolar (art. 5º da Lei n. 439) (BVE, v. 2, n. 26, p. 1), supõe que o leitor conheça a legislação sobre a frequência à escola (BVE, v. 1,

---

[35] "Leitor da *Vida Escolar*, volve commigo a tua vista para o anno lectivo do Grupo, que hoje finda. Com que boa vontade, has de lembrar-te que *fiz eu* a matricula escolar, percorrendo a cidade de casa em casa e inscrevendo 427 meninos como alumnos do Grupo" (BVE, v. 2, n. 34, p. 1, grifo nosso).

[36] "Não achas, leitor da *Vida Escolar*, que o nosso relance de olhos pelo anno lectivo põe de manifesto o desenvolvimento do Grupo, e que este é um instituto digno da estima e da protecção dos lavrenses? Amigo que és de Lavras, apoia-me, benevolente leitor, neste trabalho sacrosanto da instrução popular..." (p. 1).

n. 5, p. 1) e relata a legislação do Grupo para a substituição de professores (BVE, v. 1, n. 3, p. 1). Nesse último caso, o texto parece se voltar para aquelas pessoas interessadas em serem designadas para substituir professores do Grupo, e o *Boletim* serve como difusor desse regulamento. Outras matérias fazem referência a termos que circulam no meio educacional e que constituíam o vocabulário pedagógico da época, como "exercícios hygienicos", "movimentos de flexão e extensão", "*foot-ball*", "*lawn-tennis*", "gymnastica franceza", "trapézios", "barras fixas" (BVE, v. 1, n. 7, p. 1). Explicações sobre as normas de higiene e sobre os modernos métodos de ensino utilizados no Grupo também eram referidos, e contrastados ao "obsoleto método abc" (BVE, v. 1, n. 12, p. 1), típico, em sua concepção, das escolas isoladas. Há referências, também, a alguns autores e obras voltados para a educação escolar, como Spencer e seu livro *Educação*, sobre sistema de disciplinas (BVE, v. 1, n. 4, p. 1), e o livro *A América Latina*, de Manoel Bomfim. Em um dos últimos números do *Boletim*, Firmino Costa afirma que a biblioteca do Grupo já contava com "publicações de grande valor", como a *Revista do Archivo Publico Mineiro*, a coleção completa da *Revista Illustrada*, de Angelo Agostini, a *Historia Geral do Brasil*, do Visconde de Porto Seguro, a *Historia Universal*, de Cesar Cantú ("magnífico presente de um nosso benemerito conterraneo"), o *Grande Diccionario Larousse* e o *Novo Larousse Illustrado* ("duas obras do valor de 600$000, para cuja acquisição promptificaram-se a concorrer distinctos membros da sociedade lavrense") (BVE, v. 2, n. 31, p. 1). Esses dados nos levam, mais uma vez, a afirmar que o leitor visado pelo *Boletim* é, primordialmente, formado por pessoas que têm certa familiaridade com as lógicas do escrito e com o campo educacional, ou seja, os "conterrâneos", homens que ocupavam cargos importantes na cidade e em outras partes de Minas Gerais e do país.

Considerações finais

Após realizada a análise, podemos concluir que o leitor visado pelo *Boletim Vida Escolar* era, predominantemente, formado por homens que ocupavam posições – econômicas, sociais e políticas – estratégicas em Lavras e, mais amplamente, em Minas Gerais. Embora os índices de analfabetismo no período fossem um pouco superiores no município em relação à média do país, essa elite a que Firmino Costa se dirigia estava habituada ao escrito e ao impresso, uma vez que, principalmente na sede da cidade, diversos periódicos eram publicados, havia vários estabelecimentos de ensino, assim como outras instituições culturais, como teatro e bandas de música.

Por meio de diversas estratégias discursivas, Firmino Costa buscava convencer esse leitor de que, ao mesmo tempo que estava colaborando para o êxito da reforma de instrução do estado, buscava ultrapassá-la ao colocar em prática, no Grupo Escolar, ações modernizadoras que o distinguia (Grupo e diretor, instituição e indivíduo) de outras práticas educativas – tanto as antigas, associadas ao passado e às escolas isoladas, quanto as que estavam em curso em outras instituições de ensino "concorrentes". O *Boletim* foi, então, um espaço para que pudesse, progressivamente, elaborar e divulgar suas ideias. Foi, também, um modo de se tornar conhecido e arregimentar essa elite para se congregar em torno de uma causa que, no período, era insuspeita: a educação. Evidentemente, não se tratava de qualquer educação, mas aquela consubstanciada no modelo do Grupo Escolar. Assim, o *Boletim*, simultaneamente, dirige-se e institui o leitor. Esse ato de instituir o leitor nem sempre era direto. Firmino Costa se dirigia, por vezes, aos pais pobres, os que tinham filhos no Grupo Escolar, mas a análise dos recursos que utilizava nesses momentos mostra que o seu objetivo era, na realidade, mais uma vez, atingir os "homens de bem".

Esperamos que o trabalho realizado também tenha mostrado que, ao estudar impressos, é preciso ultrapassar a análise dos conteúdos nele veiculados. Em muitos casos, torna-se mais importante analisar os modos de enunciação desses conteúdos do que propriamente de que tratam. Uma análise mais completa exigiria também a análise da materialidade, pois ela nos traria mais indicadores de quem era o leitor visado. Informações sobre o processo de produção e de circulação também seriam muito interessantes, assim como a comparação do *Boletim* com impressos semelhantes, publicados em outros municípios e em outras partes do país e do mundo. Esses procedimentos ficam, então, como perspectivas para futuros estudos.

Fontes

BRASIL. Ministério da Indústria, Viação e obras públicas. Diretoria Geral de Estatística. *Sexo, raça e estado civil, nacionalidade, filiação culto e analfabetismo da população recenseada em 31 de dezembro de 1890*. Rio de Janeiro, Oficina da Estatística, 1898. Disponível em: <http://biblioteca.ibge.gov.br/>.

BRASIL. Ministerio da Industria, Viação e obras publicas. Directoria Geral de Estatística. *Synopse do recenseamento de 31 de dezembro de 1900.* Rio de Janeiro: Typographia da Estatistica, 1905. Disponível em: <http://biblioteca.ibge.gov.br/>.

BRASIL. Boletim Comemmorativo da Exposição Nacional de 1908. Directoria Geral de Estatistica. Rio de Janeiro: Typographia da Estatistica, 1908. Disponível em: <http://biblioteca.ibge.gov.br/>.

BRASIL. Ministerio da Agricultura, Industria e Commercio. Directoria Geral de Estatistica. *Recenseamento do Brazil realizado em 1 de setembro de 1920.* Rio de Janeiro: Typographia da Estatistica, 1922, vol. 4, partes 1, 2 e 4. Disponível em: <http://biblioteca.ibge.gov.br/>.

COSTA, F. *Boletim Vida Escolar. Boletim Quinzenal do Grupo Escolar de Lavras.* Lavras: Tipografia da Folha de Lavras, 1907-1908.

IBGE. *Enciclopédia dos Municípios Brasileiros.* Planejamento e orientação: Jurandyr Pires Ferreira (presidente do IBGE). Vol. XXV. Rio de Janeiro: 1959. Disponível em: <http://biblioteca.ibge.gov.br/>. Acesso em: 5 dez. 2008.

IBGE. *Annuario Estatistico do Brazil 1908-1912.* Rio de Janeiro: Directoria Geral de Estatistica, v.1-2, 1916-1927. Disponível em: <http://www.ibge.gov.br/seculoxx/default.shtm>.

O REPUBLICANO. Lavras: Typographia d'O Republicano, 1901.

VEIGA, J. P. X. (dir. e red.). *Revista do Arquivo Público Mineiro.* Ano III. Belo Horizonte: Imprensa Official de Minas Geraes, 1898.

VEIGA, J. P. X. (dir. e red.). *Revista do Arquivo Público Mineiro.* Ano IV. Belo Horizonte: Imprensa Official de Minas Geraes, 1899.

VEIGA, J. P. X. *Efemérides Mineras 1664-1897.* Belo Horizonte: Fundação João Pinheiro; Centro de Estudos Históricos e Culturais, 1998. Vol. 1 e 2.

Referências

ARAÚJO, E. *A construção do livro. Princípios da técnica de editoração.* 2. ed., Rio de Janeiro: Lexikon; São Paulo: Unesp, 2008.

BATISTA, A. A. G.; GALVÃO, A. M. O. Práticas de leitura, impressos, letramentos: uma introdução. In: BATISTA, A. A. G.; GALVÃO, A. M. (Orgs.). *Leitura: práticas, impressos, letramentos.* 2. ed. Belo Horizonte: Autêntica, 2002.

BASTOS, M. H. C. Apêndice – a imprensa periódica educacional no Brasil: de 1808 a 1944. In: BASTOS, M. H. C.; CATANI, D. B. *Educação em Revista.* A imprensa Periódica e a História da Educação. São Paulo: Escrituras, 1997, p. 173-187.

CHARTIER, R. *A ordem dos livros*. Brasília: Editora UnB, 1994.

COSTA, J. R. *Toponímia de Minas Gerais*. Com estudo histórico da divisão territorial administrativa. Belo Horizonte: Imprensa Oficial do Estado, 1907.

DARNTON, R. História da Leitura. In: BURKE, P. *A escrita da história. Novas Perspectivas*. São Paulo: Editora UNESP, 1992, p. 199-236;

DARNTON, R. *O beijo de Lamourette: mídia, cultura e revolução*. São Paulo: Companhia das Letras, 1990.

DE CERTEAU, M. *A invenção do cotidiano. Artes de fazer*. Petrópolis: Vozes, 1994.

ECO, U. *Lector in fabula*. São Paulo: Perspectiva, 1986.

ECO, U. *Seis passeios pelos bosques da ficção*. São Paulo: Companhia das Letras, 1994.

FARIA FILHO, L. *Dos pardieiros aos palácios: cultura escolar e urbana em Belo Horizonte na Primeira República*. Passo Fundo: UPF, 2000.

FERRARO, A. *História inacabada do analfabetismo no Brasil*. São Paulo: Cortez, 2009.

GALVÃO, A. M. O. História das culturas do escrito: tendências e possibilidades de pesquisa. In: MARINHO, M.; CARVALHO, G. T. (Orgs.). *Cultura escrita e letramento*. Belo Horizonte: Editora UFMG, 2010, pp. 65-95.

GALVÃO, A. M. O; DI PIERRO, M. C. *Preconceito contra o analfabeto*. São Paulo: Cortez, 2007.

GIL N. L. Aparato burocrático e os números do ensino: uma abordagem histórica. *Cadernos de Pesquisa* (Fundação Carlos Chagas. Impresso), v. 134, p. 479-502, 2008.

GONÇALVES, I. A. *Cultura escolar – Práticas e produções dos grupos escolares em Minas Gerais (1891-1918)*. Belo Horizonte: Autêntica; FUMEC/FCH, 2006.

HAMDAN, J. C. *Do método intuitivo à escola ativa: o pensamento educacional de Firmino Costa (1907-1937)*. Tese (Doutorado) – Belo Horizonte, Faculdade de Educação, UFMG, 2007.

HÉBRARD, J. O autodidatismo exemplar: como Jamerey-Duval aprendeu a ler? In: CHARTIER, Roger (Org.). *Práticas da leitura*. São Paulo: Estação Liberdade, 1996, p. 35-74.

NAGLE, J. *Educação e sociedade na Primeira República*. São Paulo: EDUSP, 1974.

PEREIRA, J. C. *Grupo Escolar de Lavras: produzindo uma instituição modelar em Minas Gerais (1907-1918)*. Dissertação (Mestrado) – Belo Horizonte, Faculdade de Educação UFMG, 2005.

Firmino Costa e o *Boletim Vida Escolar*: a construção e a circulação de um repertório pedagógico

Juliana Cesário Hamdan
Luciano Mendes de Faria Filho

É conveniente fazer do alumno um futuro assignante de jornal, de um excellente diário brasileiro.
(Costa, 1937, p. 18)

Analisando os 34 números do *Boletim Vida Escolar* publicados, com periodicidade quinzenal, entre maio de 1907 e novembro de 1908, verifica-se que é patente a relação entre os conteúdos destes e os dos relatórios enviados por Firmino Costa à Secretaria do Interior de Minas Gerais. Contudo, enquanto os relatórios tinham um caráter oficial e eram destinados aos "técnicos" da educação, o *Boletim* visava informar à comunidade local[1] sobre as atividades e progressos do Grupo Escolar de Lavras, em processo de implantação, e estimular a participação nesse projeto educacional. Provavelmente Costa queria, também, receber em troca o reconhecimento público da importância da nova cultura escolar que se configurava, possibilitado pela circulação e visibilidade propiciadas pelo jornal, que acabou circulando por todo o estado.

[1] Como se verá em outros textos deste livro, a destinação à comunidade local não impediu, no entanto, que o *Boletim* fosse utilizado, por Firmino Costa, para uma divulgação mais ampla de suas concepções político-pedagógicas e dos trabalhos do Grupo Escolar. Sabemos, por exemplo, que a leitura do Boletim foi recomendada a todos os professores do estado, através da sua publicação no *Minas Gerais*, pelo então Secretário do Interior e Justiça, Carvalho Brito.

Para pensar sobre a ambiência intelectual com a qual as ações do educador mineiro se articulam, é preciso pensar que no limiar da República brasileira, e ainda nos anos subsequentes, havia um conjunto de ideias em circulação, oriundo, sobretudo, das Américas Latinas e do Norte e da Europa, mas também das reflexões de intelectuais brasileiros. De um ou de outro modo, essas ideias eram mobilizadas pelos atores sociais conforme a necessidade o exigia. Traduzidas tanto em maneiras de pensar, como também nas de agir, ou seja, nas práticas sociais, fizeram parte do repertório de atuação dos intelectuais e políticos como forma de enfrentamento das questões específicas do período e exigências do contexto brasileiro. Portanto, partindo das assertivas de Certeau (2006, p. 160), ressaltamos que não se trataria de adoção passiva ou de mera importação de ideias. Bem ao contrário, o conjunto de informações com as quais se operava foi profusamente alterado pelas condições de apropriações existentes e estava em constante movimento de reelaboração e reapropriação por alguns dos atores sociais.

Chamamos a atenção, neste texto, para a constituição do repertório pedagógico de Firmino Costa, construído a partir da ideias disponíveis na ambiência cultural na qual ele estava imerso no período, adotando-as a partir das necessidades que a inteligibilidade para os desafios concretos lhe exigia (Alonso, 2002). Essa ativa apropriação das "doutrinas pedagógicas de seu tempo" lhe permitiu assumir um posicionamento original e um trânsito bastante autônomo entre as ideias e doutrinas em circulação.

Para articular a análise do conteúdo dos boletins com o contexto, podemos ressaltar ao menos dois aspectos relevantes da ambiência intelectual republicana e da prática de Firmino Costa: o primeiro é a indissociabilidade da dimensão política e intelectual, isto é, as ações políticas eram necessariamente sustentadas e articuladas por atividades intelectuais e vice-versa, a ponto de não se poder separar uma da outra. Recuando no tempo alguns anos, a análise de Alonso (2002, p. 101) afirma que,

> Os membros do movimento intelectual foram participantes ativos do debate político. Foi em busca de recursos para a compreensão da conjuntura e de armas para a luta política que esses grupos recorreram a um novo repertório intelectual. Assim, o fenômeno da adoção de teorias científicas e liberais na crise do Império pode ser redefinido como um movimento político-intelectual [...].

Assim, ainda que Firmino Costa não tenha assumido cargos políticos em sentido estrito, as funções públicas educacionais para as quais foi convidado a contribuir marcam claramente a presença do educador entre as redes de sociabilidades mais prestigiadas em Minas Gerais, no início do século XX.

O segundo é que a maior parte dos intelectuais e políticos republicanos, mas não apenas estes, como sabemos, privilegiou a imprensa como forma de dar maior visibilidade às respectivas causas e, com isso, colocá-las em circulação (Alonso, 2002, p. 153 *et passim*). Firmino utilizou fartamente a estratégia. Não só publicou seus artigos, livros e relatórios nos órgãos da imprensa de maior visibilidade no estado como criou e escreveu o *Boletim Vida Escolar*, objeto de nossa atenção aqui. Para o secretário, o fato de a matrícula e a frequência terem aumentado substancialmente nos dois primeiros anos do grupo se deveu, fundamentalmente, aos textos de estímulo e das estatísticas sobre o grupo publicados no jornal (Pereira, 2005, p. 59-60).

Boletim Vida Escolar: delineando um repertório político pedagógico

Já em seu primeiro relatório, em 6 de julho de 1907, Firmino Costa informa às autoridades mineiras que no dia 1º, antes, portanto, da inauguração do grupo em 13 de maio, publicou o primeiro número do *Boletim*, como órgão do grupo, no qual ele haveria de tratar "de assuntos relativos á instrucção e à história do município. Sendo um dos fins do Grupo tornar conhecido dos alunos o seu município, acredito será compensado meu trabalho na *Vida Escolar* pelo auxílio que delle advier ao estudo da história e da chorographia de Lavras" (Costa in BVE, n. 1, p. 3, 1907).

De fato, no primeiro número o autor informa sobre os objetivos do *Vida Escolar* ressaltando seu caráter informativo, tanto ao que se refere aos dados históricos e geográficos da região, aos acontecimentos cotidianos de maior relevo, às questões de cuidados e higiene com a saúde, quanto aos dados de matrícula e das primeiras providências pendentes para o funcionamento do grupo. Dois aspectos do primeiro número chamam-nos a atenção: no primeiro deles o autor adverte que o boletim não entrará em contendas religiosas ou políticas, isto é, permanecerá, num espaço "neutro". No segundo, afirma com convicção que, considerando o caráter cívico, "merecerá sem dúvida este boletim o apoio de todos os nossos conterrâneos, dos quaes elle espera generoso acolhimento" (Costa in BVE, n. 1, p. 1, 1907).

Com essas declarações, o diretor, por um lado, expressa claramente seus ideais liberais, defendendo o caráter laico da Reforma em curso. Por outro, não obstante seu posicionamento contra a educação católica, procura abrandar as resistências e os melindres que este poderia causar, pois parece ter consciência da importância em manter, senão todas, ao menos as principais portas da comunidade local e alhures abertas, como condição relevante para a realização de seu projeto.

No segundo boletim, datado de 15 de maio de 1907, publica seu discurso inaugural do grupo e o telegrama de congratulação do então secretário do Interior, Carvalho Brito. No artigo publicado, o educador chama a atenção para o caráter pioneiro da Reforma em Minas, propondo uma educação popular cuja principal finalidade estaria na área social para formar um homem útil a si, à família e à pátria, a exemplo de outras grandes nações que já empreenderam o caminho do progresso. Segundo suas palavras: "Para o Estado de Minas Gerais chegou felizmente sua vez de tomar a verdadeira estrada do progresso, na qual nenhum paiz poderá guiar-se sem o pharol da educação popular, que com tanto fulgor vai à frente da civilização esse poderoso império da Allemanha e essa portentosa republica norte-americana" (Costa in BVE, n. 2, p. 2, 1907).

A temática do ensino profissional, dentre os temas educativos, é aquela que mais povoou os textos de Firmino Costa publicados no *Vida Escolar*. Para ele, todos os conhecimentos ministrados na escola seriam insuficientes se o homem não soubesse trabalhar, pois qualquer nação só pode ser construída mediante o trabalho, que só poderá ser exercido de forma eficiente se for ensinado na escola. Este é, para ele, um dos principais pontos para a reforma da instrução pública de João Pinheiro, em 1906, a qual propugnava um curso de ensino técnico que se deveria iniciar no terceiro ano.

A defesa do ensino técnico profissional, para além de combater a infrequência dos alunos, também funcionaria como uma possibilidade concreta de o aluno aceder à condição de cidadão-trabalhador e, por meio da nova condição social, contribuir para o progresso da nação. Tal tópico permaneceu nos discursos de Firmino Costa e dos reformadores da educação nos anos vindouros. Portanto, a ideia predominante seria a de que a educação deveria se aproximar do trabalho, sobretudo aos moldes agrícolas e também fabris. Ainda que nem todas as concepções presentes na ambiência do período, convergissem para o mesmo lugar, Carvalho (1998, p. 155) identificou certo consenso no que concerne à formação profissional, segundo o qual:

> Incorporando expectativas de "racionalização" do trabalho industrial, a valorização da educação, quando vinculada à crença nas virtudes dos novos métodos pedagógicos, visava que a escola organizasse a atividade do aluno em moldes fabris: "No momento em que o mundo proclama métodos de organização do trabalho como fator essencial da prosperidade econômica" [...] "a educação moderna" se instituía dando a esse trabalho, "desde os primeiros passos do aluno, uma diretriz segura para a 'racionalização' unanimemente prescrita em todos os ramos da atividade humana".

Na direção que aponta o trecho anterior, Firmino, além de propor algumas sugestões de organização, defende que é através do ensino profissional que o governo resolverá o problema da educação do povo e que, para tal, o Dr. João Pinheiro muito tem feito em tão pouco tempo. Contudo, lembra o quanto há ainda para ser feito, visando a atingir os fins patrióticos que se pretendia (Costa in BVE, n. 2, p. 1, 1907).

Os artigos relativos ao combate ao analfabetismo são duros e, segundo o educador, deveria haver uma punição àqueles que abandonassem a escola ou para os pais e responsáveis que não mantivessem ali seus protegidos, da mesma forma que existia para os desertores do serviço militar (Costa in BVE, n. 2, p. 1, 1908). A verdadeira "praga da nação brasileira" não seria completamente superada enquanto as crianças em idade escolar não estivessem na escola. Por isso, seria necessário assegurar legalmente que elas aí estivessem.

O problema da frequência e da matrícula escolar das crianças apareceu bastante nos artigos publicados no jornal. O discurso direcionava-se àqueles pais ou protetores que, mesmo tendo feito a matrícula das crianças, não as deixavam ir às aulas para explorar seu trabalho. Chamava-os de egoístas, posto que impediam que as crianças aprendessem uma profissão digna para o seu progresso e o da nação. Embora não tenhamos condições de averiguar diretamente o impacto que tal denúncia poderia ter alcançado na sociedade lavrense, parece-nos que trouxe alguns benefícios, considerando que a matrícula e a frequência foram aumentando significativamente a cada ano. Este parágrafo transcrito é exemplar de seu posicionamento sobre a questão:

> É que chegando a certa idade, o menino pertence á escola, e somente ahi elle desenvolverá a intelligencia, de modo a comprehender os seus deveres, a sentir as suas responsabilidades, a interessar-se pelo seu futuro. Absorvidas pelas occupações diárias, a sociedade e a família não poderão cuidar convenientemente da educação do pequeno, e este, crescendo longe da escola, ver-se-á cercado por um certo indiferentismo e guiado apenas pela ignorância para adquirir a prática do mundo (Costa in BVE, n. 20 p. 3, 1908).

Fica claro nos boletins, assim como nos relatórios, que o enfrentamento do problema da frequência e da matrícula, ainda que estrategicamente exposto no jornal, seria resolvido somente quando houvesse a implementação do ensino técnico profissional, por meio do qual os pais e responsáveis poderiam ser convencidos da importância de manterem as crianças na escola. Por isso, também a insistência junto à Secretaria do Interior para os recursos necessários a tal atividade. Contudo, através da visibilidade desse e de outros problemas que desafiavam o progresso do grupo, a comunidade local vai aderindo paulatinamente ao projeto educacional de Firmino e enviando as crianças à escola, em razão mesmo da contundência de seu discurso, como podemos constatar no trecho a seguir:

> Si vosso filho, ou protegido, chegou á idade escolar, cumpre-vos preparal-o para a vida. É vossa obrigação desenvolver-lhe a intelligencia e ensinar-lhe o trabalho. Si não lhe derdes instrucção, elle viverá talvez como o boi, que se satisfaz tão somente com os gosos materiaes; ele poderá passar a vida atual tal qual o carneiro, que nada progride em sua existência; elle será pouco mais que o cavallo, o qual é montado e em breve tempo deixa de saltar. Si vosso filho não souber trabalhar, elle acabará provavelmente na miséria, ainda que trabalhe, porque seu ganho será diminuto e á causa de grande esforço. So a instrucção e o trabalho, a instrucção verdadeira, que faz os competentes e os educados, e não os pedantes e os atrevidos, o trabalho intelligente e methodico, que leva á virtude e á prosperidade, somente esses podem tornar o homem útil a si e aos outros (Costa in BVE, n. 29, p. 1, 1908).

Uma questão que foi também fartamente tratada no *Boletim*, sobretudo nos últimos números, se refere à causa republicana. Por eles é possível entrever a rede de sociabilidade local que se articulava em torno da premissa, da qual o intelectual fazia parte, e asseverar que o cimento que os unia, em grande medida, era o ideal republicano. Segundo o artigo intitulado "A República", publicado no número 34 do *Boletim*, como comemoração dos 19 anos da promulgação, a Câmara Municipal lavrense ainda levantava a bandeira. Ilustres representantes participavam da câmara de deputados geral e provincial, tais como Dr. Álvaro Botelho e Dr. Martins Andrade, respectivamente. O objetivo do artigo foi relatar o contentamento com que foi recebida a notícia da República pelo povo de Lavras. Na ocasião, vários "proeminentes senhores" pronunciaram um discurso de aclamação, dentre eles Francisco Salles e o próprio Firmino Costa, e outros tantos foram publicados na *Gazeta de Lavras*, o principal jornal local.

Diversas foram as formas de expressão da exultação popular, entretanto, segundo ele, nenhuma se igualou ao passeio do povo até a Câmara Municipal, portando a bandeira como símbolo nacional, permanecendo ali hasteada (Costa in BVE, n. 34, p. 1, 1908). O referido texto nos informa sobre o lugar honorável e reconhecido de intelectual e político ocupado por Firmino desde os tempos que antecederam o de diretor do Grupo, como também sobre o potencial de articulação que o lugar encerrava. Daí, inclusive, uma das justificativas para a escolha de seu nome para o cargo que, naquela época, representava um lugar de distinção.

No número anterior do *Boletim,* de 1º de novembro de 1908, Firmino Costa apresentara um texto pesaroso sobre a morte inesperada do presidente do Estado, João Pinheiro. Passa, então, a exaltar as qualidades do político e ressaltar que sua mensagem derradeira foi a da exigência de se prosseguir com os ingentes esforços de realização do projeto educacional mineiro, como modo de expressão do ideal republicano, que, nos seus 18 anos de existência, estaria ganhando forma e vitalidade, sem jamais retroceder. Cita as suas palavras, segundo as quais ele seria "A realização do lemma que se inscreve no pavilhão brasileiro pela perfeita conciliação da 'Ordem e Progresso'". Reporta, ainda, que a notícia da morte do governador foi enviada através do secretário Carvalho Brito para o deputado estadual Zoroastro Alvarenga, que fez chegar a todos em Lavras (Costa in BVE, n. 33, p. 2, 1907). Assim, a mensagem publicada foi, ao mesmo tempo, expressão do pesar que o assolava pela perda e da esperança nos frutos que certamente já estavam sendo colhidos dos ideais firmemente semeados durante toda a vida política do presidente do Estado.

Como vimos através de alguns excertos, o *Boletim Vida Escolar* traduziu, em grande medida, a atuação política e intelectual de Firmino Costa nos dois primeiros anos de direção do Grupo Escolar de Lavras e parece ter lhe dado mais lastro para a realização de seu intento. Isso porque, mais que outros escritos, "eles testemunham o impulso inicial da carreira de mestre-escola do diretor do grupo de Lavras" (Dias, 1986, p. 170). Considerando o gradual envolvimento não só dos pais e responsáveis verificado através do aumento da frequência e da matrícula, mas também de membros mais proeminentes da sociedade lavrense, o projeto educativo de Firmino Costa foi ganhando força e vitalidade e teve como importante aliado o *Boletim Vida Escolar*, não obstante sua vida efêmera.

Procuramos ressaltar aqueles elementos mais especificamente ligados à forma política e intelectual de mobilizar a sociedade local para o envolvimento com o processo de instauração de uma nova cultura escolar, preconizada pela Reforma da Instrução Primária em 1906 do presidente do Estado João Pinheiro e consubstanciada no referido grupo. Nesse sentido, elencamos um conjunto de aspectos de seu pensamento, isto é, do repertório de ideias que mais nos informam sobre o posicionamento frente aos auspícios republicanos, por ele apropriados de forma particular, através da atuação educacional, tais como a luta contra o analfabetismo, o combate ao problema da frequência e da matrícula, e a educação para o trabalho.

Além de evidenciar as práticas sociais e culturais locais, bem como as de seus protagonistas mais ilustres e divulgar ideias e concepções pedagógicas e informações históricas, os boletins, a exemplo dos relatórios, conferiram, a partir do Grupo Escolar, uma enorme visibilidade ao trabalho educacional ali realizado sob a direção de Firmino Costa. Segundo Dias (1986, p. 170), "nos registros da *Vida Escolar*, percebe-se o grande número de visitantes que procuram conhecer a obra educativa de Firmino Costa; [...] são professores de municípios vizinhos, políticos, secretários da educação de outros estados".

No bojo das transformações sociais que convulsionaram o mundo entre 1800 e 1900, os grupos escolares, como condensação das ideias educacionais em circulação, tornaram-se um modelo educacional senão hegemônico, ao menos bastante presente, sobretudo nos países ocidentais. Observadas as especificidades contextuais de cada país, a concepção de grupo escolar, na condição de modelo educacional predominante, representou um conjunto de práticas educativas, produzindo uma cultura escolar específica. Essas práticas, por sua vez, expressavam as diferentes formas através das quais as propostas educativas para as escolas se apropriaram dos pensamentos educacionais em circulação. Todavia, alguns aspectos como a classificação dos alunos, o método simultâneo, o emprego do tempo, a disciplina e a adoção do método intuitivo estiveram presentes em diversos países, ainda que de maneiras singulares.[2]

De acordo com Vera Tereza Valdemarin (1998), as diversas maneiras de organizar a educação foram expressões diferentes de descontentamentos com as práticas educativas então hegemônicas, sobretudo nos contextos de países desenvolvidos, onde as massas populares passaram a ter alguma

---

[2] Na Inglaterra, a título de exemplo, a adoção da organização dos alunos em classes, classificados segundo a idade e o grau de adiantamento, seria a expressão de uma racionalização que teria como princípio o controle e a eficiência no processo de institucionalização da educação, como também a predominância das formas coletivas de aprendizagem em detrimento das individuais. Posteriormente, o termo "classe" se tornou sinônimo de educação simultânea. Contudo, as construções de prédios escolares que estivessem de acordo com as novas concepções só vieram posteriormente. De acordo com Souza (1998, p. 25), somente na década de 1870 começaram a ser construídas na Inglaterra as primeiras escolas, com várias salas de aula. A onda de edificações escolares iniciadas nessa década colocou professores, alunos e salas de aula em uma relação pessoal, ou seja, cada classe em uma sala, cada classe com um professor. Portanto, somente no final do século XIX, a classe se convertia na unidade organizativa dominante no ensino primário.

Na França, uma das referências mais fortes para a educação brasileira do período, a discussão da escola organizada por classes, em contrapartida a um modelo no qual as crianças compunham uma espécie de multidão disforme, gerada pela adoção do método simultâneo, enfrentava o problema dos critérios para a classificação delas. O ministro da Educação, E. Greard, em 1868, resolveu a questão definindo que a escola primária seria dividida em três cursos, com duração de dois anos cada, para crianças de seis a oito, oito a dez e dez a 12 anos, sendo que para existir uma classe era preciso observar o mesmo nível dos alunos, dos professores e do local. Assim, classe e curso significavam a mesma coisa. Depois, "classe passou a corresponder ao agrupamento homogêneo dos alunos e curso às divisões do programa" (SOUZA, 1998, p. 26).

Nos Estados Unidos, outro país que também foi referência importante para reflexão educacional no Brasil, houve uma grande preocupação com as construções apropriadas para a realização de uma escola organizada em classes, considerando que, com a adoção do ensino simultâneo, a exemplo dos países europeus, as salas existentes eram destinadas a aproximadamente 250 alunos. Para enfrentar os problemas advindos de um número tão grande de crianças e jovens em um mesmo ambiente, optaram por adotar o modelo alemão, no qual as escolas eram divididas em muitas salas de aulas, de tamanho um pouco menor. Dessa maneira, importantes educadores "passaram a defender a necessidade de os americanos construírem casas escolares de melhor qualidade devendo os prédios serem cuidadosamente planejados com a participação dos educadores" (SOUZA, 1998, p. 32).

visibilidade para as políticas e, por isso mesmo, seu papel e suas demandas precisariam ser equacionadas por meio da educação. Nesse quadro, o método intuitivo teria representado uma alternativa, na medida em que:

> Num clima de descontentamento generalizado, expresso em enquetes, documentos oficiais e pareceres, o movimento de renovação pedagógica que começa a despontar na metade do século XIX tenta investir contra o caráter abstrato e pouco utilitário da instrução, prescrevendo-lhe novo método de ensino, novos materiais, a criação de museus pedagógicos, variações de atividades, excursões pedagógicas, estudo do meio, entre outras. O raio de abrangência desse movimento pode ser avaliado também pelas sucessivas exposições universais, organizadas para a difusão de práticas pedagógicas renovadas, seus materiais e suas aplicações: Londres (1862), Paris (1867), Viena (1873), Filadélfia (1876, que dá origem aos relatórios de Buisson [...]) (Valdemarin, 2004, p. 104).

A reflexão sobre a importância dos tempos escolares para a racionalização do processo pedagógico também ocupou o debate educacional do período nesses países. Tratava-se de organizar de forma a aproveitar ao máximo a jornada dos dias de aula definindo períodos determinados para cada atividade, considerando as especificidades de cada curso e de cada classe, hierarquizando conteúdos, práticas e atividades. Desse modo, o tempo cumpria a função, segundo Rosa Fátima Souza (1998, p. 28), de "determinar os períodos de ocupação e descanso dos professores e alunos nos diversos momentos da aula e dividir o conteúdo em unidades, lições e exercícios [...]". Dessas subdivisões e dos respectivos conteúdos, nasceriam os programas e, com eles, estabeleceu-se uma relação estrita entre série escolar e idade dos alunos.

No Brasil, a apropriação das ideias acerca do debate educacional em circulação nos países da Europa e nos Estados Unidos se deu de maneira particular, considerando as peculiaridades locais. Para Souza (1998), nesse processo de apropriação, foi atribuída maior ênfase às questões relativas aos métodos e processos de ensino e pouca atenção ao debate necessário para as transformações no nível administrativo e pedagógico. Os intelectuais teriam evitado aprofundar o debate sobre a escola graduada considerando que a sociedade não teria condições de absorver as consequências, sobretudo econômicas, dos desdobramentos daí advindos. Por isso, de acordo com a autora, os educadores e intelectuais do período, através de um processo de apropriação ativa e seletiva do ideário em circulação, teriam preferido conceber "mudanças significativas mais exequíveis, de acordo com suas representações, tendo em vista as condições da instrução pública na época" (Souza, 1998, p. 36).

Os novos prédios escolares, como concretização de uma gramática educativa sob diversos aspectos distinta das anteriores, atraíram sobre si um grande prestígio social, sobretudo pela grandiosidade arquitetônica de alguns dos espaços e pela mobilização social que seu funcionamento requeria. Também significaram a concretização dos ideais republicanos como expressão da preocupação com a modernização da sociedade brasileira a partir da apropriação contextualizada de ideias em circulação em outros países. Depois de São Paulo, as concepções sobre a renovação educacional que ganharam força através da criação dos grupos escolares foram se espraiando e encontraram terreno fértil em outros Estados, como o Distrito Federal e Minas Gerais.[3] Essa receptividade ao novo ideário educacional se deveu em grande medida ao fato de a educação já fazer parte da causa republicana e ser, principalmente por seus afetos, intensamente defendida. Entre os argumentos apresentados pelos defensores da nova organização escolar, estavam vantagens econômicas e pedagógicas para a disseminação da instrução pública e popular.

Toda essa mobilização política e cultural em prol da renovação educacional, embora tenha significado uma profunda mudança no contexto social, apenas suavizou os graves problemas educacionais do país. Ainda que destinados ao povo,[4] ao menos no discurso, grande parte dos filhos das camadas populares permaneceu fora dos muros dos grupos escolares, enquanto uma boa parte das camadas mais abastadas deles se apropriou. Assim, como no Estado de São Paulo, em outros estados as iniciativas

---

[3] Segundo Vidal (2005, p. 14), "partindo das terras paulistas, em 1893 (criação) e 1894 (implantação), o modelo apareceu no Rio de Janeiro em 1897; no Paraná, em 1903; em Minas Gerais, em 1906; no Rio Grande do Norte e Espírito Santo, em 1908; no Mato Grosso, em 1910; e em Santa Catarina e na Paraíba, em 1911, para citar alguns exemplos. Sua influência foi particularmente marcante até os anos 1920, quando o eixo da política educacional deslocou-se para a sede do governo republicano".

[4] "Pode-se dizer que os grupos escolares atenderam nas primeiras décadas de sua implantação alunos provenientes das camadas populares, no entanto, daqueles setores mais bem integrados no trabalho urbano. Desse contingente estavam excluídos os pobres, os miseráveis e os negros. As fotografias da época revelam a pequena presença de crianças negras nas classes dos grupos escolares e isso explica-se pelas péssimas condições sociais em que se encontravam a população negra nesta época" (SOUZA, 1998, p. 57).

educacionais de renovação não tiveram o mesmo fôlego para acompanhar o crescimento populacional e a complexidade social daí advinda.

Tal conjunto de práticas e representações sociais formou um sistema complexo que englobou desde as representações, concepções e práticas educacionais até os espaços e objetos necessários para a realização delas. Nessa perspectiva, tanto faziam parte da cultura as práticas e representações como os espaços e os objetos pedagógicos.

Os professores e o método intuitivo

Aperfeiçoar-se na profissão, eis o programma diario,
que convem executar com methodo e energia.
(Costa, 1937, p. 16)

Constitue o methodo intuitivo
a essencia do ensino elementar.
(Costa, 1937, p. 18)

Entre os aspectos mais relevantes no pensamento educacional de Firmino Costa, nenhum deles mereceu mais atenção que a formação dos professores e o ensino através do método intuitivo. A presença constante desses tópicos em suas obras, como analisaremos a seguir, nos permite asseverar que os temas poderiam ser considerados como a coluna vertebral de todo seu pensamento e sua ação educacional. Seria, por assim dizer, o núcleo duro, através do qual todas as questões anteriormente analisadas orbitavam. Se a atuação como educador foi condicionada por uma atuação também política e intelectual, foi, indubitavelmente, no sentido de viabilizar os credos mais profundos acerca de uma prática educativa que, de fato, fizesse diferença na vida das crianças. Por sua vez, a educação das crianças, por esses moldes, mirava a constituição da nação brasileira, para a qual a moral e o civismo representavam, ao mesmo tempo, o objeto e o fim.

Se no conjunto da "obra" a temática da formação de professores aparece de maneira ostensiva, nos boletins, entretanto, são raros os textos que tratam diretamente da questão. No entanto, se observarmos o teor do temário educativo apresentado, podemos considerá-los em sua totalidade, como um instrumento privilegiado. Se o professor, na perspectiva de Firmino

Costa, deveria representar o leitor assíduo e um estudioso interessado no entendimento das novas práticas educativas, certamente a leitura do *Boletim* deveria fazer parte de sua formação cotidiana. Não tivemos informação sobre a existência de algum momento formal de leitura e discussão do periódico nas práticas formativas do grupo, mas nem por isso podemos desconsiderar a hipótese de que tenha contribuído, de algum modo, para a formação dos professores, considerando a ampla divulgação na cidade e no estado.

Ainda que a preocupação com a formação de professores estivesse na centralidade da problemática educacional de Firmino, outro aspecto intimamente relacionado a ele e igualmente relevante refere-se ao método intuitivo. Desse modo, a formação adequada dos professores passava pelo conhecimento e pelas formas de adoção do método de ensino. Em todos os textos é flagrante a defesa desse método como a melhor maneira de ensinar. Isso porque todo o ensino deveria ser racional, prático e útil, e os alunos deveriam ser levados a entender e a apreciar tais características. Os alunos deveriam aprender a trabalhar nas oficinas, aprender as disciplinas curriculares por meio de atividades e aprender moral e cívica por meio das festas, etc.

Ainda que haja uma estreita relação entre os conteúdos dos textos que o diretor publicou nos relatórios dos dois primeiros anos do Grupo e nos boletins, alguns temas são retomados de maneira mais direta e assertiva que nos relatórios. A partir da adoção do método intuitivo e do ensino simultâneo proposta pela Reforma de 1906, os professores deveriam conseguir a atenção e a dedicação dos alunos por meio de uma prática criativa, atraente e animada. No que se refere à disciplina, por exemplo, já no número 4 do *Vida Escolar,* garante que a única maneira de fazer com que os alunos se conservem atentos é, por um lado, que o professor seja educado e capaz de ensinar "bem, tão prático e intuitivo quando possível", e, por outro, que os alunos se engajem no próprio processo de disciplinamento e autogoverno.

Nas aulas de *Trabalhos manuais*, os professores são convidados, no número 8 do *Boletim*, a criar um *pequeno negócio* em que os alunos aprenderiam a exercitar o *tirocínio de caixeiro*. A questão posta não é, fundamentalmente, o aprendizado da aritmética e de outras disciplinas, apesar de estas não serem negligenciadas. O aspecto mais relevante da proposição está em permitir que os alunos aprendam "grande parte do trabalho de uma pequena casa comercial, o que lhes será muito proveitoso para o futuro" (BVE, n. 8, p. 1, 1907). É, também, uma oportunidade para alunos e professores praticarem as "regras do método": a manipulação de materiais, o movimento de ensino/da aprendizagem do simples para o complexo, etc.

Ao mesmo tempo, as festas representavam momentos privilegiados de formação moral e cívica dos alunos se considerarmos que os processos e a preparação de ensaios e de envolvimentos da comunidade educativa, professores, alunos e famílias, significavam também um momento de flagrante visibilidade às novas práticas educativas ali desenvolvidas. Funcionavam como se fossem propagandas dos novos métodos de ensino e, portanto, quanto mais "produtos" tinham e organizadas eram, mais funcionavam nesse sentido.

Amplamente defendido no *Boletim* e reclamado através das maneiras que a cultura escolar foi assumindo a partir dos grupos escolares, o método intuitivo é defendido por Firmino Costa como o principal caminho a ser palmilhado, apreendido e percorrido pelos professores, tanto por aqueles em formação como aqueles que já se encontravam atuando, porque representaria a tradução dos preceitos da psicologia experimental e da pedagogia para a educação. Todavia, ensinar pelos meios intuitivos implicaria, para os educadores da época, uma revolução "copernicana", na qual os professores, como protagonistas na cena educacional, passaram a uma condição de falta de preparação, isto é, em uma situação de exigência absoluta de formação segundo as novas orientações. Esta foi precisamente a maior preocupação de Firmino Costa que atravessou todos os discursos do educador.

Considerações finais

Conforme vimos, a partir de sua inserção no denso ambiente de discussão política e pedagógica do início do século XX, Firmino Costa vai compondo certo repertório de ação que lhe possibilita articular a tradição pedagógica com as questões novas e novíssimas que se lhes apresentam tanto no campo político quanto pedagógico. A "questão republicana" é continuamente atualizada nas discussões sobre o cotidiano do Grupo Escolar. Esse cotidiano, por sua vez, adquire, nas página do *Boletim*, um caráter de exemplaridade de atuação político-político pedagógica para todos os grupos.

Nos relatórios escritos pelo diretor do Grupo Escolar de Lavras e nos boletins publicados, estão impressas as primeiras concepções educacionais, marcadas fortemente pela defesa da nova forma educativa, concretizada pelo Grupo Escolar, e a apropriação do método intuitivo como modo de ensinar cada um dos conteúdos escolares, determinados pelos novos programas. Tais concepções foram frequentemente apresentadas em confronto às formas ultrapassadas de educação que ainda grassavam pelo estado e pelo país. Apresentavam-se por meio de uma tensão entre o anúncio dos dispositivos em implantação para a realização de nova educação e a denúncia das formas por ele consideradas superadas, seja nos aspectos da atuação e formação dos professores, seja nos relativos à materialidade requerida para as práticas.

Foi assim que a preocupação com os espaços físicos mais adequados à educação das crianças, baseada nos preceitos científicos da psicologia e da higiene que definiam, em grande medida, quais os instrumentos exigidos para que a educação defendida fosse possível, também passou a povoar os textos de Firmino, sobretudo nos relatórios do grupo e nos textos do *Boletim Vida Escolar*. A estratégia para a constituição das exigências foi a de, por um lado, explorar ao máximo as conquistas e vantagens que o grupo de Lavras, sob sua direção, angariava pacientemente junto à comunidade e aos poderes públicos, por meio de variadas formas, desde pedido de doações para as caixas escolares distribuídas em pontos estratégicos da cidade até promoção de quermesses. De outro, a denúncia daquilo que resistia e deveria ser rejeitado, porque não condizia com a nova realidade que estava sendo produzida e fortalecia a necessidade do novo, isto é, de "um" novo. Os novos espaços e as materialidades, representadas por cadernos, livros, instrumentos do museu, cartazes, bibliotecas, banheiros, salas iluminadas, carteiras, filtro e copos de água, lenços, gabinete dentário, gabinete de saúde, oficinas, laboratórios, entre muitos outros, passaram a compor o quadro exigido para o processo de implementação da educação idealizada. Por meio das construções dos espaços e com os sentidos dos usos dos mobiliários e objetos conquistados e apropriados, uma cultura escolar em Lavras adquiriu, assim, visibilidade.

Partindo do pressuposto de que era a preocupação com a formação dos professores que animava os textos de Firmino, os textos do *Boletim* foram elaborados de modo que a narrativa das novas práticas já acontecidas poderia favorecer o robustecimento do credo em relação à exequibilidade concreta. Para isso, escrevia em tom de franco apelo aos professores, convocando-os a fazer, com suas próprias mãos e mentes, uma nova educação. A intenção era também a de convencê-los de que o êxito da reforma dependeria deles e, de algum modo, restituir-lhes a importância deslocada para as crianças no processo educativo.

Também como forma de conferir maior consistência e, consequentemente, mais credibilidade aos textos, recorria aos pensadores mais consagrados do período, fossem eles nacionais, como Rui Barbosa e Miguel Couto, ou estrangeiros, como Horace Mann, Gabriel Compayré, Ferdinand Buisson, Pestalozzi e John Dewey, que estavam de alguma forma disponíveis nos repertórios em circulação no Brasil, nas primeiras décadas do século XX, para sustentar os bons resultados da nova prática educativa ou para criticar as que deveriam ser superadas. Por meio de leitura persistente e metódica dos autores e determinado a diminuir o abismo existente entre a educação desejada e a existente, Firmino recorre às obras que versassem preponderantemente sobre as possibilidades educacionais originadas na ciência educacional nascente, no intuito de que emprestassem uma força que, naquele momento, talvez fosse vital para as reformas em curso.

Os textos dos relatórios e da publicação do *Boletim Vida Escolar*, além de revelar as concepções educacionais do educador em relação à educação, de ressaltar sua premente preocupação com a formação de professores, também apresentaram elementos para que pudéssemos apreender o lugar de prestígio que Firmino ocupava entre a intelectualidade educacional e política, ainda que rejeitasse qualquer tipo de partidarismos, local e estadual. Vimos como, paulatinamente, sua rede de sociabilidade foi se ampliando até que se mudou para a capital e passou a ocupar lugar de destaque no cenário educacional em contato direto com as forças políticas, a partir das quais a legislação educacional se configurava.

Referências

ALONSO, Ângela. *Idéias em movimento: a geração 1870 na crise do Brasil-Império*. São Paulo: Paz e Terra, 2002.

CARVALHO, M. M. C. *Molde nacional e Fôrma Cívica: higiene, moral e trabalho no projeto da Associação Brasileira de Educação (1924-1931)*. Bragança Paulista: EDUSF, 1998, 506 p.

CERTEAU, M. *A escrita da história*. Rio de Janeiro: Forense Universitária, 2006.

COSTA, F. *Vida Escolar*. 1907-1908.

COSTA, F. *A liberdade. Discurso de Paranympho no Grupo Escolar Firmino Costa, Lavras/MG*. Belo Horizonte, 1937, 29 p.

DIAS, F. C. A renovação da escola pública: ideias e práticas educativas de Firmino Costa. In: PRÊMIO GRANDES EDUCADORES BRASILEIROS: monografias premiadas, 1985. Brasília: INEP, 1986, p. 118-277.

HAMDAN, J. C. *Do método intuitivo à escola ativa: o pensamento educacional de Firmino Costa (1907-1937)*. Tese (Doutorado) – Belo Horizonte, Faculdade de Educação da UFMG, 2007, 306 p.

FARIA FILHO, L. M. Dos pardieiros aos palácios. In: FARIA FILHO L. M. *Dos pardieiros aos palácios: cultura escolar e urbana em Belo Horizonte na Primeira República*. Passo Fundo: Editora da UPF, 2000, 213 p.

FARIA FILHO L. M. Instrução elementar no século XIX. In: LOPES, E. M. T.; FARIA FILHO L. M.; VEIGA, C. G. *500 anos de educação no Brasil*. Belo Horizonte: Autêntica, 2000, 606 p.

PEREIRA, J. C. *Grupo Escolar de Lavras: produzindo uma instituição modelar em Minas Gerais (1907-1918)*. Dissertação (Mestrado) – Belo Horizonte, Faculdade de Educação UFMG, 2005.

SOUZA, R. F. Espaço da Educação e da civilização: origens dos grupos escolares no Brasil. In: SOUZA, R. F.; VALDEMARIN, V. T.; ALMEIDA, J. S. *O Legado Educacional do Século XIX*. Araraquara: UNESP – Faculdade de Ciências e Letras, 1998, 182 p.

VALDEMARIN, V. T. *Estudando as lições de coisas: análise dos fundamentos filosóficos do Método de Ensino Intuitivo*. Campinas: Autores Associados, 2004, 196 p.

VALDEMARIN, V. T. *O método intuitivo: os sentidos como janelas e portas que se abrem para um mundo interpretado*. In: SOUZA, R. F.; VALDEMARIN, V. T.; ALMEIDA, J. S. *O Legado Educacional do Século XIX*. Araraquara: UNESP – Faculdade de Ciências e Letras, 1998, 182 p.

VIDAL, D. G. *Culturas escolares: estudo sobre práticas de leitura e escrita na escola pública primária (Brasil e França, final do século XIX)*. Campinas: Autores Associados, 2005, 187 p.

"Pensar com acerto e trabalhar com método":
o ensino profissional no *Boletim Vida Escolar*[1]

Carla Simone Chamon

Irlen Antônio Gonçalves

Bernardo Jefferson de Oliveira

No dia 15 de maio de 1908, o *Boletim Vida Escolar* iniciava seu editorial noticiando a passagem do primeiro aniversário de instalação do Grupo Escolar de Lavras: "Passou no dia 13 do corrente o primeiro aniversário do Grupo". Segundo o *Boletim,* o aniversário foi comemorado com a instalação do ensino profissional no referido Grupo. Na ocasião, foram inauguradas as oficinas de marcenaria, serralheria e sapataria para os meninos e a oficina de costura para as meninas, além de ser anunciada a instalação dos trabalhos agrícolas tão logo fosse entregue o terreno, cuja desapropriação já havia sido requerida pelo poder municipal.

Não foi por acaso que Firmino Costa quis marcar a passagem e as comemorações do aniversário do Grupo com a instalação do ensino profissional, uma vez que este, no seu entendimento, não era um mero complemento das atividades desenvolvidas na escola, mas a condição de realização de seu objetivo primordial em se tratando de educação popular:

> Por esta forma ficará integralizado o ensino oferecido pelo grupo. Depois de um curso de quatro anos, o menino sairá preparado para

[1] Este texto é fruto do diálogo entre vários pesquisadores que coordenam diferentes projetos: "História da escolarização do ensino de ofícios em Minas Gerais (1850-1950)" coordenado por Carla Simone Chamon, com apoio financeiro do CNPq; "Educação e Formação Profissional: por uma sócio-história da escolarização do trabalhador mineiro", coordenado por Irlen Antônio Gonçalves, com apoio financeiro da FAPEMIG e do CNPq; "A educação e a difusão da cultura científica no Brasil da primeira metade do século XX", coordenado por Bernardo Jefferson de Oliveira, com apoio financeiro da FAPEMIG e do CNPq.

> a luta da vida – com o espírito bastante desenvolvido para pensar e com as mãos suficientemente exercitadas para trabalhar. Podendo pensar com acerto e trabalhar com método, o menino conseguirá cumprir bem a sua missão, e sem dúvida fará de sua terra um lugar digno deste século (BVE, p. 2, 1/4/1908).[2]

Esse entendimento de uma aliança fundamental entre desenvolver o espírito para pensar e exercitar as mãos para trabalhar ou "pensar com acerto e trabalhar com método", frequente nas páginas do *Boletim*, já angariava muitos adeptos nesse período, quando se trata de educação popular. O que se constata é que a ideia de que a escola deveria educar para o trabalho e de ensinar a trabalhar começou, lentamente e a partir da segunda metade do século XIX, a ser discutida e colocada em prática no Brasil. A proposta deste artigo é discutir as proposições para o ensino profissional presentes nas páginas do *Boletim Vida Escolar*, situando-as no processo de escolarização da educação para o trabalho que ocorre no país entre fins do século XIX e início do XX.

O ensino profissional e a República

No início do século XIX, especialmente a partir da independência do Brasil, a instrução passou a ser discutida com maior ênfase, fazendo parte do projeto de nação encampado pelas elites intelectuais e políticas. Nesse projeto, segundo Ilmar Mattos (1990), a difusão dos saberes elementares era considerada uma das estratégias-chave para afastar a população da ignorância e da barbárie, da miséria e da brutalidade, ao mesmo tempo que poderia aproximar o Brasil das "nações civilizadas".

> A instrução cumpria, ou deveria cumprir, um papel fundamental, que permitiria, ou deveria permitir, que o Império se colocasse ao lado das "nações civilizadas". Instruir todas as classes era, pois, o ato de difusão das luzes que permitiriam romper as trevas do passado colonial; a possibilidade de estabelecer o primado da razão, superando a "barbárie" dos "sertões" e a desordem das ruas; o meio de levar a efeito o espírito de associação, ultrapassando as tendências localistas; além da oportunidade de usufruir os benefícios do progresso e, assim, romper com as concepções mágicas a respeito do mundo e da natureza (Mattos, 1990, p. 245-246).

---

[2] Para facilitar a leitura, nos trechos do *Boletim Vida Escolar*, usamos a grafia corrente.

Nesse processo, a escolarização pensada para as camadas populares era a elementar: ler, escrever e contar. Até praticamente meados do século XIX, a educação do homem pobre para o trabalho se dava, de maneira geral, no âmbito doméstico, na lida com a terra, nas oficinas, nos arsenais militares ou da marinha, num processo artesanal e não sistemático de ensino. Era no próprio trabalho, auxiliando um mestre de ofícios ou um lavrador na realização das tarefas, que os iniciantes aprendiam, vendo, ajudando e repetindo o que viam fazer.

As iniciativas de escolarização do trabalho na primeira metade do século XIX são pontuais. Luiz Antônio Cunha (2000a) destaca a iniciativa fracassada do Colégio das Fábricas, fundado por D. João VI em 1809 no Rio de Janeiro, e das Casas dos Educandos Artífices, criadas entre 1840 e 1856 por dez governos provinciais. Segundo esse autor, essas instituições adotaram o modelo de aprendizagem de ofícios posto em prática pelos arsenais de guerra e da marinha, recrutando meninos abandonados e indigentes, submetidos a uma rígida disciplina militar, sendo encarada mais como "obra de caridade" que como "obra de instrução pública" (p. 113).

A partir de meados do século XIX, a escolarização dos ofícios manuais começava a tomar nova forma com o surgimento dos Liceus de Artes e Ofícios, instituições particulares de caráter filantrópico que tinham como objetivo principal o ensino das artes e dos ofícios mecânicos, ministrado juntamente com o ensino elementar, aos trabalhadores livres e pobres da sociedade brasileira.[3] Assim como os arsenais de guerra, essas instituições traziam a marca da "obra de caridade", mas elas já se configuravam como instituições escolares propriamente ditas, concretizando o ensino para o trabalho em um espaço especificamente constituído para esse fim – o espaço escolar.

Nesse processo, a escola passava a chamar para si a tarefa de ensinar o trabalho para a população pobre, deslocando, pouco a pouco, a aprendizagem dos ofícios manuais das oficinas. Os saberes e as técnicas dos ofícios, que já existiam socialmente e eram compartilhados no próprio mundo do trabalho, começavam aqui a serem apropriados pela instituição escolar, tornando-se saberes escolares.

---

[3] Luiz Antônio Cunha (2000b) nos informa sobre a instalação de algumas dessas escolas no Rio de Janeiro, em 1856; em Recife, em 1872; em São Paulo, em 1873; na Bahia, em 1875; em Maceió, em 1884, e em Ouro Preto, em 1886. Há ainda a referência ao Liceu de Artes e Ofícios na cidade mineira do Serro, em 1879, e em São João Del Rey, em 1888 (VEIGA, 1998).

É importante ressaltar que esse processo de escolarização do trabalho se deu juntamente com as transformações das relações de trabalho que estavam em curso no país, na segunda metade do século XIX. A abolição do tráfico internacional de escravos, em 1850, e a consequente, ainda que lenta, substituição do cativo pelo trabalhador livre fizeram crescer entre as elites brasileiras o discurso sobre a necessidade de importar imigrantes europeus para substituir a mão de obra escrava, face à suposta incapacidade produtiva do trabalhador livre nacional.[4] Parte das elites brasileiras considerava o trabalhador nacional, ao contrário do imigrante europeu, como vadio, preguiçoso e avesso ao trabalho, o que poderia significar um obstáculo ao desenvolvimento da agricultura e da indústria nos novos tempos de relações capitalistas de trabalho que se consolidavam no país (Kowarick, 1994).

Nesse movimento, cresce o número de imigrantes no Brasil, mas cresce também, especialmente no final do século XIX, com a abolição da escravidão, a preocupação em torno da necessidade de formação do trabalhador nacional, papel que deveria ser desempenhado pelas escolas. Se de um lado, e mais sistematicamente em algumas províncias, como a paulista, houve uma forte política para atrair trabalhadores imigrantes, é possível também relacionar o surgimento das escolas profissionais, nesse período, à necessidade de formar o trabalhador nacional (Silva; Chamon, 2009).

Instituídas como lugar e instrumento de formação e disciplinarização das camadas pobres e trabalhadoras no Brasil, essas escolas contribuiriam tanto para o controle desses segmentos, transformando-os em participantes ordeiros do corpo social, quanto para a valorização do trabalho, marcado por mais de três séculos de escravidão. Aqui, uma das expectativas em torno das escolas profissionais era a de que elas alterassem a atitude negativa do homem comum frente ao trabalho manual, aquele que até um passado recente havia sido executado, ainda que não exclusivamente, pelas mãos dos escravos.

Nesse processo, ocorre em Minas Gerais, como no restante do país, um movimento que se intensifica na virada do século XIX para o XX, um movimento de propostas e de criação de escolas profissionais, que visava alcançar os trabalhadores livres. Na medida em que a mão de obra escrava

[4] Nem todas as províncias foram marcadas pela entrada significativa de imigrantes como mão de obra para a agricultura e a indústria nascente, como foi o caso de São Paulo. Em Minas Gerais, de acordo com os dados do censo de 1872, a região metalúrgico-mineira possuía 35% de mão de obra livre, tanto na indústria quanto na agricultura, sendo que a quase totalidade dessa mão de obra era formada pelo trabalhador nacional (LIBBY, 1988).

se tornava escassa e cara, e a mão de obra imigrante encontrava dificuldades para se estabelecer na província, o ensino profissional aparecia como elemento capaz de preparar o trabalhador nacional, permitindo o desenvolvimento econômico. Aqui, a aposta era no preparo técnico, no aprendizado racional e metódico do trabalho, que deveria possibilitar a maximização da produção e alavancar o desenvolvimento econômico do país.

Com a República, período de crescente complexidade econômica e de extensão da cidadania formal aos trabalhadores, a escolarização do trabalho foi transformada em política pública. Ainda que essa cidadania se realizasse muito mais no plano jurídico, havia aqui a preocupação de se configurar a escola de maneira que formasse o cidadão trabalhador.

Em Minas, várias iniciativas foram tomadas pelo governo do Estado para a implantação de políticas para a formação profissional. Em 1892, pela Lei nº 41, foi instituído o ensino profissional, nos âmbitos das escolas normais, do ensino agrícola e zootécnico, do curso de agrimensura, comercial e de farmácia. Posteriormente, em 1896, a Lei nº 203 regulamentou o ensino profissional primário, prevendo a aprendizagem dos ofícios e o seu funcionamento sob a orientação de um profissional com a competência do exercício da profissão.

Na primeira década da República, o debate legislativo se debruçava sobre a criação do ensino de formação profissional primário. Em julho de 1896, o então jovem deputado Mendes Pimentel encaminhou à mesa do Congresso Legislativo o projeto para a sua organização. Ele propunha a criação dos Institutos de Educandos Artífices, cujo objetivo seria a formação de "operários e contramestres" por meio do ensino gratuito da destreza manual e dos conhecimentos técnicos às crianças das classes desfavorecidas, entre as idades de nove a 13 anos.

O ensino proposto, sob a forma de internato, contava com uma parte obrigatória e outra facultativa: obrigatórios eram o ensino de um ofício, o ensino primário, o desenho elementar, o desenho geométrico, a música, a ginástica e a instrução militar. Facultativa era a aprendizagem de mais de um ofício. O ensino elementar primário e o ensino de desenho seriam ministrados por professores formados pela escola normal e nomeados pelo governo. O ensino dos ofícios ficaria a cargo de mestres contratados.

No ensino de desenho geométrico, o professor deveria incluir as três ordens clássicas de desenhos, a saber: os desenhos de máquinas, de ornatos de flores e animais e a composição e escultura de ornatos. No ensino dos ofícios, de acordo com as demandas de cada local, poderiam ser aprendidos os ofícios de: armeiro,[5] armador,[6] abridor,[7] alfaiate, chapeleiro, carpinteiro, cuteleiro,[8] dourador,[9] encadernador, entalhador, ferreiro, funileiro, fundidor, gravador,[10] latoeiro,[11] litógrafo,[12] marceneiro, oleiro (arte cerâmica), ourives, pedreiro, sapateiro, sirgueiro,[13] seleiro e correeiro,[14] serralheiro, torneiro, tintureiro e tipógrafo.

Na proposição de criação dos Institutos de Educandos Artífices, Mendes Pimentel lança mão de algumas questões sobre as práticas educativas e institucionais do ensino técnico que vinham se descortinando no cenário brasileiro e mundial. Entre elas, destacamos a íntima relação entre as propostas educativas e de instrução com as propostas de constituição de uma nação civilizada; a necessidade de educar e instruir o povo para a garantia da ordem social e a formação técnica, meio para incorporação do povo à nação.

Esta é uma questão que perpassou o discurso de intelectuais, políticos e legisladores que estiveram imbuídos do pensar a educação republicana. Em Minas, assim como em outras unidades da federação brasileira, não é raro encontrar, no discurso das elites dirigentes, a ideia de que a educação era instrumento transformador da sociedade, como nos argumentos do senador Mello Franco, quando do encaminhamento do projeto da primeira lei que propunha reformar a instrução pública em Minas Gerais:

> A reorganização do país e o seu engrandecimento futuro dependem da iluminação do espírito das massas.
>
> O pensamento dominante na Câmara e no seio da comissão tem sido abraçado geralmente no país e fora dele pelos homens mais eminentes.

---

[5] Aquele que conserta e faz limpezas de armas.

[6] Ofício de atividade genérica, ligado à arte de adornar festas ou funerais.

[7] Pode referir-se à atividade de confecção de instrumentos para abrir latas ou garrafas ou, ainda, à atividade de aperfeiçoar, gravar e cinzelar instrumentos.

[8] Ofício ligado à arte de confecção de instrumentos de corte.

[9] Ofício ligado à arte de dourar. Aquele que tinha a habilidade de aplicar ouro em algum metal ou em algum adereço.

[10] Refere-se à arte de gravar (escrever, desenhar) em metais, pedras, madeira, etc.

[11] Aquele que desenvolvia a arte do trabalho com latas.

[12] Ofício dedicado a arte de escrever ou gravar letras sobre algum objeto.

[13] O mesmo que seringueiro; aquele que se dedicava ao trabalho com fios ou cordões de seda.

[14] Trabalho artesanal que utilizava o couro como matéria-prima: fabricante de correia, cinto, alforje, bolsas, arreio, etc.

> Costuma-se dizer que a instrução pública é o fator mais direto e mais poderoso na obra progressiva da civilização; mas convém atender-se que a instrução é um simples instrumento de que se pode fazer bom ou mau uso e não convém isolá-la no meio circundante em que o povo vive, mas dá-la de acordo com o estado atual do desenvolvimento social, porque não é possível assim, de chofre, alterar o estado de civilização (Franco, 1892, p. 1039).

Essa mesma linha de raciocínio marcou os argumentos de Mendes Pimentel (1949, p. 30) na apresentação e defesa de seu projeto de organização do ensino profissional primário, momento em que o deputado apontou como um dever dos mandatários do governo alicerçar, "na consciência nacional, a organização republicana por meio da verdadeira educação popular".

Esse ímpeto organizador da República, presente no discurso de Mendes Pimentel e que via na educação uma força modificadora da sociedade, sintonizava com os esforços dos positivistas que, no exercício da vida pública, buscavam incorporar por meios legais o proletariado à sociedade moderna através de "uma política social a ser implementada pelo Estado" (Carvalho, 2005, p. 95). Para eles, a incorporação das camadas populares à nação era uma preocupação fundamental, sendo imprescindíveis as políticas de proteção e auxílio ao trabalhador e sua família. Assim, Pimentel (1949, p. 33) conclamava que se pensasse na implementação do ensino profissional primário como forma de incorporação do proletário à nação: "É preciso que nós homens públicos e, portanto, previdentes procuremos desde já incorporar o proletariado à nação; é imprescindível que desde já envidemos todo o esforço patriótico para educar o operário na escola do trabalho e do cumprimento dos deveres cívicos".

O interesse de Mendes Pimentel pelo projeto de criação do Ensino Profissional Primário se relacionava, pois, às suas preocupações com o regime republicano. Como observaram Silva e Faria Filho (2007, p. 6-7), para o deputado,

> [...] em um regime republicano não devia haver espaço para ações que visassem exclusivamente os interesses de determinada fração social, [era] preciso levar sempre em consideração os efeitos das medidas tomadas pelo Estado em toda a sociedade. [...] Em sua opinião, a instrução pública, sobretudo no que tange à educação do proletário, constituía o problema capital do país, tendo o governo republicano até então "*descurado da verdadeira educação popular*" ao negligenciar o ensino profissional, único capaz de incorporar o

> povo à nação e provê-lo dos meios e habilitações necessários para lutar por uma vida digna (Silva; Faria Filho, 2007, p. 6- 7).

Se era necessário educar o trabalhador como forma de incorporá-lo à República nascente, essa educação também era condição de desenvolvimento econômico do país. Para Pimentel, "levantar a oficina era levantar a Pátria", mas, para isso, era imprescindível a existência de mão de obra preparada para aproveitar os recursos existentes no Estado.

> Dia a dia estamos observando e tristemente constatando os resultados da falta de ensino técnico primário. Na cidade em que resido, Barbacena, existem abundantes jazidas muito próprias para serem exploradas pela indústria cerâmica; entretanto, as companhias ou associações que para tal fim ali se fundaram, não querendo limitar ao fabrico de artefatos grosseiros, da telha e do tijolo, tiveram de, a custa de enormes sacrifícios, importar operários oleiros de Portugal, da Itália e da Alemanha (Pimentel, 1949, p. 36).

Mas esta não era uma posição isolada do mineiro Pimentel. Ela também estava presente nos discursos de vários outros intelectuais e políticos. A defesa do progresso nacional, especificamente pela implantação da indústria e pela formação do operariado, fazia parte recorrente dos vários discursos dos republicanos de afirmação da identidade da nação. Quanto à implantação das escolas, tal proposição não logrou frutos imediatos e perceptíveis,[15] mas, sem dúvida alguma, fez parte de um tempo geracional. Expressão disso foi o Congresso Agrícola, Comercial e Industrial, que congregou, em 1903, diversas lideranças políticas e econômicas de Minas Gerais, preocupadas com a modernização dos processos produtivos e o desenvolvimento do Estado. De acordo com o relatório do Congresso, o incremento da indústria agropecuária era estratégico para o Estado e para o país sendo as noções e práticas modernas, "julgadas fúteis e frívolas pelos retardatários", poderosas alavancas em todos os países. "Felizmente para Minas a iniciativa particular de muitos de seus filhos tem já rompido a barreira do empirismo" e a indústria agropecuária

[15] A Lei nº 203, que propunha a organização do Ensino Profissional Primária, foi aprovada no Congresso Mineiro e sancionada pelo presidente do Estado Chrispim Jacques Bias Fortes, em 18 de setembro de 1896. Em 1898, ainda na presidência, Bias Fortes decretou a instalação do primeiro Instituto de Ensino Profissional, na cidade de Barbacena, mas não encontramos nenhum documento ou notícia acerca de seu cumprimento.

começava a ser exercida "em bases mais sólidas e científicas" (Relatório, 1903, p. 175).

O diagnóstico das causas do atraso material e a plataforma para sua superação ecoam os discursos e as propostas que vimos anteriormente e que, como veremos mais adiante, serão reiterados no *Boletim Vida Escolar*: a falta de instrução e rotinas tradicionais impedem a superação da miséria e o desenvolvimento da produção. Assim, há que enfrentá-los e combatê-los. "A falta de instrução é o empirismo e a rotina infecundos e estéreis, que muitas vezes degradam e humilham o povo, conduzindo-os a raias do cretinismo e da imbecilidade" (Relatório, p. 186).

De acordo com o relato, essa situação tinha raízes profundas, "que não podem ser arrancadas de um só jato" (Relatório, 1903, p. 187). Para vencer essa situação, seria preciso avançar gradativamente e reconhecer que o progresso não viria sem uma "bagagem científica preparatória". "A prática da agricultura e indústrias conexas demanda sérios estudos e sólidos conhecimentos [...] Querer ou acreditar que um novo possa progredir e engrandecer-se sem as luzes da ciência é um disparate" (Relatório, p. 186).

A ciência era aqui apontada como o conhecimento que poderia reverter essa situação e assegurar a firme caminhada rumo ao progresso. Assim, uma das metas era convencer os "céticos" e os "atrasados" da "superioridade dos métodos científicos de exploração", para que pudessem substituir os procedimentos empíricos, na crença de que "dentro de algum tempo [estariam] convertidos em paladinos nas ciências agronômicas".

A ciência aqui almejada não era aquela "pura", mas uma ciência essencialmente vinculada à prática, pragmática, como a que buscavam os positivistas (Bhering, 2008). Segundo o Relatório (1903, p. 187),

> [...] a teoria pura frequentemente induz o agricultor a falsos raciocínios; pode originar concepções quiméricas, que se dissipam diante das dificuldades reais da prática. [...] A prática não dispensa a teoria, que se funda na observação e interpretação científica de uma série sucessiva de fatos, estudando as leis que presidem a sua produção, indicando os meios de obter a reprodução daquelas diante da diversidade de condições da natureza em cada tempo e lugar.

Para os relatores do Congresso, "o empenho dos governos na disseminação dos conhecimentos científicos aplicáveis à indústria agrícola se manifesta em toda parte por variadas formas." A principal delas seria a difusão do ensino, assinalada como "a necessidade mais imperiosa de um povo" e "condição essencial de sua prosperidade". Por isso, o relatório se reportava a diferentes experiências estrangeiras e apresentava de forma detalhada a estrutura e organização geral da Escola Prática de Agricultura e Pecuária de Córdoba, Argentina.[16]

Era reconhecido que tais transformações não seriam imediatas, sendo preciso ganhar terreno palmo a palmo.

> A princípio, os frutos colhidos serão escassos, mas a persistência no emprego dos meios adequados a excitação do estímulo trará depois abundantes colheitas. [...] Para levar adiante e executar um plano completo de organização de ensino técnico e profissional em qualquer país são necessárias grossas somas de dinheiro; mas estas não devem ser despendidas senão oportunas e gradativamente, acompanhando a evolução industrial do país. Esta é necessariamente gradativa e não se faz por saltos bruscos; porque não se modificam os hábitos nem o meio natural da noite para o dia. Se ao Governo do Estado fosse possível criar e fundar, dentro de um só ano, toda sorte de estabelecimentos aconselhados para o ensino técnico e profissional, estamos seguros de que a maioria delas teria de fechar as portas em pouco tempo por absoluta falta de frequência (Relatório, 1903, p. 187).

Em 1906, o ensino profissional foi, enfim, incluído na reforma da instrução pública, passando a ser um componente a mais na nova organização dos grupos escolares. Denominado Ensino Técnico Prático e Profissional, ele foi instituído pela Lei nº 444, de 3 de outubro de 1906, poucos dias após entrar em vigor a Lei nº 439, de 28 de setembro de 1906, que propunha reformar o ensino primário e criar os grupos escolares. Essa relação de proximidade tem sua importância: o ensino profissional foi vinculado ao ensino primário, devendo ser ministrado no interior dos grupos, constituindo-se o

[16] Conforme sugeria o relatório, o ensino agropecuário deveria ser articulado com outras ações formativas como revistas, exposições, feiras, conferências públicas, concursos e cursos superiores para formação "dos propulsores e professores para as escolas técnicas". Pois, como observavam os autores do Relatório (1903, p. 188), "uma das grandes dificuldades para o Estado será a de encontrar pessoal idôneo e habilitado para dirigir e desempenhar as diversas funções dos estabelecimentos do ensino técnico". Essa observação revela a preocupação com as condições para a implementação de medidas que serão instituídas alguns anos mais tarde.

Curso Técnico Primário. Aqui, recuperava-se a Lei nº 203, de 1896, proposta por Mendes Pimentel.

Os discursos preliminares que ocorreram durante a tramitação da reforma da instrução,[17] dentro do Congresso Mineiro, mas também fora dele, espelharam a codificação das representações compartilhadas pelos republicanos, como vinha acontecendo desde o início de sua proclamação. Nesse sentido, a leitura dessas fontes nos permite perceber como a cultura republicana foi sendo tecida no compartilhar dos códigos, tomados como um dos elementos constituintes de uma definição da identidade da escola, vetor importante para a construção da república que se desejava.

A preocupação com o progresso, vinculado à instrução, como modo de resgate ou de construção da vida social, era recorrente nos discursos dos parlamentares, como os dos deputados Cônego Xavier Rolim e José Seixas, membros da Comissão de Instrução Pública. Buscava-se um modelo de escolarização que pudesse atender à formação integral da criança, intelectual, moral e física.

Na mesma direção, expressou o Presidente Francisco Salles, em mensagem enviada ao Congresso Mineiro, em 1904. Para ele, a instituição de uma sessão de ensino profissional nos grupos escolares seria muito proveitosa, uma vez que o ensino profissional visava "o preparo da infância para o futuro cidadão" (Salles, 1904, p. 39-40).

Também o secretário de governo Delfim Moreira, em seu relatório ao presidente do Estado, em 1905, referiu-se à instrução profissional, vinculando-a à formação para a nação. Dizia ele que

> [...] uma grande causa preocupa seriamente a atenção dos que se interessam pelo progresso das artes e das indústrias em nosso país: é o estudo dos meios de proporcionar às classes menos abastadas a instrução suficiente e indispensável para se preparar o artista, o agricultor, o industrial, o mecânico e tantos outros operários de ofícios

[17] A tramitação da Reforma da Instrução ocorreu no período de julho de 1903 a setembro de 1906, culminando com a Lei nº 439, que autorizava o governo a reformar o ensino primário, normal e superior. Nessa lei, contemplou-se o ensino profissional, estabelecendo, no art. 14, § único, que "o Governo poderá ainda promover a educação profissional, quer dentro, quer fora do território nacional, de alunos pobres que revelarem decidida aptidão para as artes mecânicas ou para as belas artes".

> diversos, cujo desenvolvimento constitui a riqueza, a vida e a prosperidade da nação (Moreira, 1905, p. 128-129).

Na mesma direção, vemos o discurso do deputado Xavier Rolim, presidente da Comissão de Instrução da Câmara dos Deputados, se valendo dos mesmos códigos identitários:

> Queremos que o Estado de Minas floresça? Queremos que o Brasil seja próspero e feliz? Queremos que a nossa pátria brilhe com as fulgurações do Cruzeiro do Sul? Organizemos a escola, eduquemos a juventude.
>
> Estabeleçam todos os Estados da grande Confederação Brasileira a educação popular, de modo que a mocidade aprenda não só o exercer os direitos do cidadão, mas igual e principalmente cumprir os seus deveres públicos e particulares: assim teremos lançado os verdadeiros e sólidos alicerces da grandeza nacional; veremos reinar em nossa querida pátria a paz, a ordem, a liberdade; e, em consequência, teremos segura a estabilidade das instituições republicanas, que com máximo carinho devemos sustentar.
>
> [...] Eduquemos o povo e rasgaremos para nossa querida Minas um futuro próspero e venturoso, porque, como muito garantiu o imortal Washington, a instrução popular é o fundamento mais sólido da felicidade pública e ensina o homem a não confundir a liberdade com a licença, amando a primeira e detestando a segunda (Rolim, 1906, p. 337).

Vale a pena chamar a atenção para a vinculação entre ensino primário e o ensino profissional. Na Lei de 1896, não havia uma vinculação direta do ensino profissional com o primário regular, embora aquela proposta abordasse o ensino profissional como um ensino obrigatório. De maneira diferente, a reforma de 1906 levou para dentro do ensino primário a formação profissional. A Lei nº 444 de 1906 previa que o ensino técnico e prático fosse ministrado nas escolas primárias. A justificativa era que o ensino primário somente ficaria completo com a anexação do ensino técnico. Eis o argumento do deputado Xavier Rolim (1906, p. 329-330):

> A educação popular se divide em essencial e profissional. A primeira tem por fim formar o homem dando-lhe toda força da sua natureza e tornando-o capaz de preencher o seu nobre destino; a segunda prepara o homem social – o lavrador, o industrial, o arquiteto, o comerciante. São duas partes harmônicas que se completam. É do maior interesse de uma nação dar a seus filhos uma educação completa, porque disto depende a sua marcha na estrada do progresso e da perfectibilidade.

É importante lembrar que o país era eminentemente rural, e, como já se anunciava no Congresso Agrícola, Comercial e Industrial de 1903, coordenado por João Pinheiro, o plano de desenvolvimento do Estado passava pela reorganização do trabalho agrícola em bases racionais e modernização da indústria de laticínios.

De acordo com João Pinheiro, o problema agrícola se colocava em duas questões básicas: a fixação do trabalhador ao solo e a educação profissional do agricultor. Essa fixação não era pensada em termos de estrutura fundiária, mas como algo dependente da valorização do homem do campo e da modernização de suas práticas. Assim, a fonte dos problemas estava na falta de formação adequada. A ela são reputados, por exemplo, o mau uso e a devastação da terra:

> [...] como não tem educação agrícola necessária, como não conhecem meios de tornar a terra proveitosa e preferem o processo rotineiro e mais simples, o que fazem é devastá-la pela derrubada e pela queimada, esterilizando os melhores talhos de terra, que abandonam sucessivamente, à medida que se vão tornando menos produtivos. [...] A educação profissional do agricultor, é disso que temos de cuidar desde logo com uma das mais imediatas necessidades. O grande estorvo da agricultura é a ignorância do agricultor. Estamos tão atrasados como há oitenta anos (Pinheiro, 2005, p. 17).

Outro problema agrícola – o desconhecimento das máquinas e de seus usos na modernização da lavoura – seria também solucionado com o ensino profissional agrícola.

> Começando pela escola primária, para o preparo dos operários rurais de amanhã, indo até o ensinamento ao próprio lavrador pela constituição das pequenas fazendas-modelo. Para isso instituirei um ensino técnico primário, ministrado nas escolas públicas, de modo concreto, sem teorias, paralelamente ao ensino da leitura, da escrita e da aritmética. O menino da roça, no tempo em que aprende a ler, a escrever e a contar, aprende praticamente todas as coisas que se fazem mister para que ele seja amanhã um inteligente operário rural, verá o que é uma máquina agrícola, o que se obtém com ela, ensinar-lhe-ão não por teoria, mas com modelos (Pinheiro, 2005, p, 19).

Essa formação continuaria com o ensino técnico-secundário, que seria dado nas pequenas fazendas-modelo,

> [...] providas de todos os parelhos aperfeiçoados, dirigidas por técnicos experientes, onde praticarão os novos processos de cultura e onde completam a sua aprendizagem profissional rapazinhos de 15 a 17 anos, tirados de preferência dentre os que demonstrarem maior aptidão e aproveitamento nas escolas técnico-primárias (Pinheiro, 2005, p. 20).

Essas fazendas-modelo "cientificamente organizadas" seriam criadas em diferentes zonas do Estado e atrairiam os agricultores dos arredores que teriam ali o exemplo vivo do que se pode conseguir com os processos modernos.

Partes desse plano de ensino técnico profissional podem ser encontradas nos vários grupos escolares espalhados pelo estado de Minas, entre os quais destacamos os de Belo Horizonte, de Juiz de Fora, de Uberaba e de Lavras.[18] É, portanto, como parte desse processo de criação dessa modalidade de ensino profissional que iremos compreender a promoção do ensino profissional presente nas páginas do *Boletim Vida Escolar*. É por meio de veículos como este que se pode perceber melhor as repercussões práticas desses discursos no interior do Estado e em polos distanciados da capital.

Boletim Vida Escolar: ensino profissional como complemento da educação do povo

Em seus quase dois anos de publicação (1/5/1907 a 15/11/1908), o *Boletim Vida Escolar* trouxe, regularmente, seja sob a forma de transcrição de relatórios ou discursos, seja sob a forma de artigos escritos para a revista, informações, comentários e discussões acerca do ensino profissional. Logo no segundo número do *Vida Escolar* (15/5/1907), na transcrição do "Discurso Inaugural" realizado por Firmino Costa por ocasião da inauguração do Grupo Escolar de Lavras, aparecia a defesa de uma instrução primária que fosse além do ensino de primeiras letras:

> A instrução primária entre nós consistia em ensinar a ler, escrever e contar. Ora, dependendo sobretudo da escola primária a educação popular, ela não deve adstringir-se a um programa tão acanhado,

[18] Num levantamento feito entre 1906 a 1918, encontramos criados 166 grupos escolares e, neles, foi possível encontrar o ensino profissional funcionando com regularidade em 28.

> ela não pode deixar de ter um fim social. A escola deve, por conseguinte, preparar os alunos para a sociedade, ensinando-lhes a zelar da saúde e desenvolvendo-lhes convenientemente as faculdades do espírito, a fim de que cada um deles possa ser na vida um homem forte, bom [...] e trabalhador, útil a si, à família e à pátria. Para esse efeito impende ao professor [...] infundir nos alunos aversão ao vício e amor à virtude; cumpre-lhes dar aos discípulos conhecimentos úteis e ensinar a eles o trabalho metódico (BVE, p. 2, 1907).

Essa ideia retornava em outros números, ganhando as primeiras páginas do *Boletim*:

> A escola deve ter um fim claramente definido, que não pode ser outro senão o de preparar o povo para a vida. É necessário que o povo aprenda a ler, a escrever e a contar, é preciso que ele conheça e ame sua língua, sua terra, seu país, é mister que ele tenha educação moral e cívica, é indispensável que ela saiba tratar de sua saúde e que esteja preparado para se defender. *Tudo isso, porém, será insuficiente se o povo não souber trabalhar.* O ensino profissional impõe-se assim como complemento da educação do povo, a quem não basta simplesmente trabalhar, mas, sim, dar-se ao trabalho sabendo praticá-lo (BVE, p. 1, 1907, grifo nosso).

A ideia central no discurso de Firmino Costa era o "saber trabalhar", era a necessidade de "dar-se ao trabalho sabendo praticá-lo", era o exercício do "trabalho metódico". Essa seria a chave para a riqueza seja do indivíduo, seja da nação. Segundo ele, o ensino profissional era praticamente desconhecido no Estado, onde reinava o "empirismo com o nome de prática" (BVE, p. 1, 1907). Diferenciando os dois termos – a empiria era sinônimo de ignorância, ao passo que a prática era a aplicação da teoria e dos princípios científicos –, Firmino alertava que uma das raízes do atraso econômico do Estado era a rotina e a ignorância que imperavam na lavoura e nos ofícios.

Aqui, como em outras falas de Firmino Costa, a importância reiterada do ensino profissional nas escolas primárias se relacionava à ideia da formação de um sujeito útil a si e à sociedade. Nesse sentido, era importante que o cidadão aprendesse a trabalhar para produzir seu sustento sem depender da caridade alheia. O aprendizado de um ofício era considerado como uma garantia para a vida, uma vez que educava o homem para o trabalho metódico, dando-lhe "meios de prover a subsistência da família" (BVE, p. 2, 1/10/1907). proporcionando-lhe uma "existência isenta de vexames e privações, tranquila e independente" (BVE, p. 3, 15/7/1908).

Ferramenta para "infundir nos alunos aversão aos vícios e amor à virtude", o ensino profissional tornaria a mocidade "afeita ao trabalho, essa necessidade da vida que enobrece, dignifica o caráter de um povo e eleva o homem, além de proporcionar-lhe uma existência isenta de vexames e privações" (BVE, p. 3, 15/7/1908).

Se, de um lado, havia o discurso da valorização do trabalho e do trabalhador, havia também o discurso do progresso econômico, advindo da formação e da qualificação da força de trabalho. O amor ao trabalho e o aprendizado de profissões eram colocados como condição necessária para se vencer o atraso do país, sendo garantia do progresso material da nação:

> É o atraso o que principalmente vai empobrecendo o povo mineiro, o qual trabalhando sem saber trabalhar despende mais esforços, relativamente produz menos, não pode aperfeiçoar o produto e estraga as fontes de riqueza. Como ele há assim de entrar em concorrência com outros povos? (BVE, p. 2, 1/7/1907).
>
> E por que urge ganhar o atraso que levamos na caminhada para o progresso, não podemos perder tempo, se quisermos alcançar os povos que avançam triunfantes na vanguarda da civilização.
>
> Para esse efeito importa aparelharmo-nos com os meios necessários, que somente nos pode fornecer a instrução primária integrada com o ensino profissional (BVE, p. 4, 15/5/1908).

Ao lado da aprendizagem metódica, a escola também seria o lugar por excelência do contato e da aprendizagem de novas técnicas e instrumentos produtivos: "E porque o homem vale hoje principalmente como inteligência, havendo as máquinas para com vantagem lhe suprir as forças, torna-se indispensável fazer conhecidos dos alunos certos instrumentos agrícolas, dos mais aperfeiçoados e necessários com os quais eles aprenderão a lidar" (BVE, p. 1, 1/10/1907). Ainda no caso da lavoura, o professor do Grupo Escolar de Lavras, Jacintho de Almeida, escrevia no *Boletim* sobre a importância do aprendizado dos alunos a respeito dos "modernos processos de agricultura", vencendo a resistência do "lavrador rotineiro" que não via "com bons olhos os modernos meios de produzir muito com pequeno esforço" (BVE, p. 1, 15/8/1908).

É interessante notar que, nas páginas do *Boletim*, não se tratava apenas de convencer da importância do trabalho, mas de estabelecer a escola primária como *locus* legítimo e competente para formar melhor o trabalhador. Essa tentativa de convencer as famílias dos benefícios advindos de uma formação profissional realizada dentro dos muros da escola, era também, como aponta Hamdan (2007), uma estratégia para que os pais se empenhassem na educação primária completa dos filhos. Ou seja, convencidos da utilidade da formação profissional que os alunos adquiriam na escola primária, os pais evitariam a retirada dos filhos tão logo aprendessem os rudimentos da leitura e da escrita: "quer-nos parecer que a aprendizagem de um ofício dará novo alento aos meninos para prosseguirem os estudos até o quarto ano e tornará mais evidente a alguns pais a conveniência da educação dos filhos" (BVE, p. 2, 1/10/1907).

Nesse sentido, ao mesmo tempo que era complemento necessário da educação popular, o ensino profissional era estratégia que legitimava a escola primária junto aos diferentes segmentos sociais, sobretudo junto aos mais pobres, que precisavam do trabalho dos filhos menores para o sustento da família: "Se nem todos os pais reconhecem o valor de uma instrução elementar, desenvolvida como a do grupo, todos eles são acordes nas vantagens do ensino profissional. Assim, por causa deste, que é indispensável, o menino terá o estudo primário, que é essencial" (BVE, p. 4, 15/5/1908).

Mas a legitimação desse ensino primário integrado com a aprendizagem de um ofício não se apoia apenas nos benefícios que traria aos filhos dos pobres. De acordo com o *Boletim*, as virtudes do trabalho faziam do ensino profissional algo importante mesmo para aqueles que não seguiriam as carreiras liberais. Conforme se lê em outro artigo de Jacintho de Almeida, publicado no *Boletim* (p. 3, 15/7/1908):

> [...] pensarão alguns não precisarem seus filhos do ensino profissional, visto se destinarem eles a outros misteres. Em contraposição a esse modo de pensar direi que nunca é demais saber um ofício, nem tampouco irá prejudicar o exercício de uma profissão liberal. O ofício será sempre um recurso de que se lança mão quando mister.[19]

Procurava-se, assim, corrigir a representação que o ensino profissional conviria apenas como instrumento de sobrevivência dos filhos de operários e lavradores. Talvez como uma estratégia para alargar a relevância dessa empreitada, o *Boletim* apela também aos filhos de fazendeiros que poderiam conhecer os modernos processos agrícolas, e até mesmo de

[19] Difícil não ver aqui ecos do pensamento de Rousseau e suas proposições para a educação de Emílio.

proteção das florestas, de como evitar a saturação da terra e as melhores formas de comercialização.

De acordo com Firmino Costa, o ensino técnico deveria "compreender (e aqui nos referimos aos rapazes e não às meninas), a prática comercial, o ensino agrícola e a aprendizagem de certos ofícios" (BVE, p. 1, 1/10/1907).[20] No Grupo Escolar de Lavras, o aprendizado das práticas comerciais envolveria o ensino das contas de somar e diminuir, o conhecimento das medidas de metragem e pesagem e o conhecimento das moedas (cobre e papel). Esses aprendizados eram considerados importantes para a prática da profissão, pois no comércio "é necessário contar, medir, pesar, receber e pagar" (BVE, p. 1, 15/8/1907). Já o ensino das práticas agrícola se daria preferivelmente pelo aprendizado do cultivo de hortaliças e cereais. O aluno aprenderia a preparar o terreno, a escolher as sementes, a conhecer as variedades das plantas, o melhor tempo para o plantio e a colheita, a utilização dos adubos, a conservação dos produtos e o combate às pragas. No caso do ensino de ofícios, a preferência seria para os conhecimentos dos trabalhos em madeira, em folha e em couro, tendo sido implantadas no Grupo de Lavras, em 1908, as oficinas de marcenaria, serralheria e sapataria para os meninos e de costura para as meninas (BVE, p. 1, 15/5/1908).[21] Em ambos os casos, o aprendizado das técnicas se faria juntamente com a familiarização do uso das máquinas, entendidas como condição de menor esforço e maior produção:

> Da mesma forma que no ensino agrícola, introduzir-se-ão nas oficinas as máquinas, a fim de que o aluno aprenda a trabalhar o mais possível, com menor esforço e no mais breve tempo possível, podendo assim dar seu trabalho por preços razoáveis, ao alcance do maior número de bolsas (BVE, p. 2, 1/10/1907).

[20] Vale ressaltar que, a partir de 1906, nos Cursos Técnicos Primários, poderiam estudar crianças de ambos os sexos. Porém, em classes separadas e com aprendizados de ofícios diferentes, além de as classes de meninas serem lecionadas por professoras. Aos meninos seriam ensinados os ofícios de hortelão, arboricultor e jardineiro, além de noções práticas de habitação e outras que fossem julgadas convenientes. Às meninas seriam oferecidas as aulas de costura, sob suas diversas formas e nos seus variados destinos, e corte sob medida, fabrico de objetos de fantasia e de ornamentação. Havia uma recomendação para que os cursos fossem organizados e oferecidos a partir da realidade local na qual se encontrava o grupo escolar.

[21] Para Firmino Costa, as aulas de práticas agrícolas deveriam se dar pela manhã e as de oficina à tarde, antes do jantar (BVE, 1/10/1907).

O ensino profissional deveria ser "inteiramente prático", segundo Firmino Costa, como podemos perceber pelo relato do funcionamento das aulas de práticas comerciais do Grupo Escolar de Lavras:

> Imaginamos abrir na sala da escola um *pequeno negócio*, no qual os alunos farão seu tirocínio de caixeiro.
>
> Arranjado, conforme fizemos, um balcãozinho portátil para ser posto na frente da classe durante os vinte minutos da aula, convidamos um aluno a servir de caixeiro. O negócio terá os utensílios necessários, como a balança, o metro, e seu sortimento consistirá em caixinhas de diversos tamanhos contendo objetos supostos, cujos nomes (lenços, meias, botões etc.) se inscreverão nelas, segundo costumam fazer os comerciantes. O primeiro trabalho do caixeiro será marcar as mercadorias, preço de custo e de venda, denegando-se aquele por meio de algarismo convencional. Tomamos o nome de um aluno, Gumercindo, para algarismo da casa, e damos a esta uma firma social. Marcados todos os objetos, tendo-se em vista a fatura respectiva, (custo, 300), 400 (venda) etc., dá-se começo às transações, que serão feitas a dinheiro, arranjando-se para esse fim a importância necessária em miúdos.
>
> O próprio professor servirá então de freguês. Comprará, por exemplo, uma caixinha de lenços, uma de linha, seis colarinhos, e o caixeiro fará a conta, receberá a importância, voltará o excedente e confeccionará o pacote para o freguês. O professor irá depois efetuando as compras de modo que o aluno tenha de variar o seu trabalho, tornando-o gradativamente mais difícil. Quando a maioria da classe souber fazer as operações exigidas pelas compras, poder-se-á, além do caixeiro, admitir um guarda-livros para escrever a correspondência da casa e para assentar as vendas, que passarão a ser feitas também a prazo. Assim, pouco a pouco, partindo do mais simples para o mais complexo, o professor poderá conseguir que, no terceiro ano, os alunos hajam aprendido grande parte do trabalho de uma pequena casa comercial, o que lhes será muito proveitoso para o futuro (BVE, p. 1, 15/8/1907).

Em várias ocasiões, o *Boletim* enfatizava o lado atrativo do ensino prático, que teria ares de um "agradável entretenimento" e expressava o entusiasmo de seus responsáveis com os resultados – "é extremamente animador o progresso que já se nota nos aprendizes" – e com sua eficiência – "o ensino está organizado de modo muito proveitoso e muito econômico" (BVE, p. 3, 15/7/1908).

É de fato uma proposta em conformidade com a orientação do regulamento, pois nele estava previsto, no artigo 37, que "o ensino e a educação profissionais se realizarão exclusivamente por prática real e efetiva". A alusão ao ensino prático refere-se a duas novidades no campo do método de ensino, a saber: o método intuitivo e o método Della Voss.[22] O método intuitivo se baseava num ensino que incluísse a observação, a experiência, o estímulo e a curiosidade, tomando sempre como ponto de partida o concreto para o abstrato, o simples para o complexo, o geral para o específico e o conhecido para o desconhecido, conforme preconizavam os defensores do ensino ativo e prático, entre os quais Froebel, Pestalozzi, Basedow.

Ainda que o ensino agrícola fosse uma das grandes metas, sua efetivação era mais complexa que o ensino comercial ou a carpintaria, que podiam ser implementados nas salas de aula da escola. As referências do *Boletim* ao ensino agrícola são, na sua grande maioria, evocações, planos e notícias das iniciativas para sua efetivação.

Tais notícias têm, a nosso ver, uma função mobilizadora, anunciando a contribuição do trabalho de voluntários e os frutos promissores da empreitada. Outro aspecto que merece ser observado nas páginas do *Boletim* é o que se poderia chamar, na falta de termo melhor, de "comprometimento". Ao homenagear autoridades governamentais e celebrar medidas previstas, os editores do *Boletim* dão publicidade a vínculos de representação e compromissos por eles assumidos. Assim, registram-se no *Boletim* relatos de reuniões e promessas empenhadas por autoridades, que aparecem não apenas como notícias, mas, sobretudo, na forma de congratulações e deferências. Isso nos parecer ser uma maneira estratégica de compactuar as reivindicações e registrar a confiança de que elas serão atendidas e nos prazos acordados. "Já demos os passos necessários e logo que nos sejam entregues o terreno e o prédio [...] inauguraremos, fazendo todo o possível para que isso se dê no dia 13 de maio próximo" (BVE, 1/4/1908).

A análise de veículos como o *Boletim Vida Escolar* possibilita a percepção de importantes aspectos do processo de operacionalização da escola,

---

[22] O russo Della Voss tornou-se conhecido após ter participado da Exposição de Filadélfia, nos Estados Unidos, em 1876, quando apresentou o seu método de oficinas. O método consistia na associação das atividades da oficina com as aulas teóricas de Física, Química e Matemática. O aluno, na oficina, tinha uma bancada e um jogo de ferramentas. Segundo Ruy Gama (1986, p. 146-147), "o trabalho era analisado, decomposto nas suas operações mais simples, e o aprendizado começava com o uso das ferramentas, indo até a montagem das peças fabricadas. Esses exercícios eram propostos em ordem crescente da dificuldade de execução, apoiados num desenho de trabalho e assistido por um mecânico perito".

com seus passos e percalços, que são pouco visíveis no âmbito das leis e dos decretos governamentais. Estratégias de promoção de valores, mobilização de apoios e tentativas de denegrir resistências são elementos que também devem ser conjugados na reconstrução da história da educação, com os vetores geracionais e projetos de reformas como os abordados anteriormente.

Possibilita-nos também perceber o movimento de legitimação da escola como *locus* competente para educar as camadas populares para o trabalho. No esforço de evidenciar as vantagens da escola em relação ao aprendizado nas oficinas particulares, o professor Jacintho de Almeida afirmava haver na escola maior estímulo, maior dedicação do mestre – que se ocupava apenas do ensino e do adiantamento dos alunos. Além disso, na escola o ensino era metódico, e os alunos se desenvolviam intelectualmente, estudando geometria e desenho, que favoreciam o ensino profissional (BVE, p. 3, 15/7/1908). É na escola que os alunos aprenderiam a "pensar com acerto e trabalhar com método".

Referências

BARBOSA, F. A. *João Pinheiro: documentário sobre sua vida*. Belo Horizonte: APM, 1966.

BHERING, M. J. *Positivismo e modernização: políticas e institutos científicos de agricultura no Brasil (1909-1935)*. Dissertação de mestrado. Rio de Janeiro, Fiocruz, 2008.

CARVALHO, J. M. *Cidadania no Brasil: o longo caminho*. Rio de Janeiro: Civilização Brasileira, 2001.

CARVALHO, J. M. *Pontos e bordados: escritos de história e política*. Belo Horizonte: Editora UFMG. 2005.

CUNHA, L. A. *O ensino de ofícios nos primórdios da industrialização*. São Paulo: UNESP; Brasília: Flacso, 2000a.

CUNHA, L. A. *O ensino profissional na irradiação do industrialismo*. São Paulo: UNESP; Brasília: Flacso, 2000b.

FRANCO, V. M. M. In: *Anais do Senado* 1891-1892. Ouro Preto: Imprensa Oficial, 1892

GAMA, Ruy. *A tecnologia e o trabalho na história*. São Paulo: Nobel; Edusp, 1986.

HAMDAN, J. *Do método intuitivo à escola ativa: o pensamento educacional de Firmino Costa (1907-1937)*. Tese de doutorado, UFMG, 2007.

KOWARICK, L. *Trabalho e vadiagem - a origem do trabalho livre no Brasil*. São Paulo: Brasiliense, 1994.

LIBBY, D. C. *Transformação e trabalho em uma economia escravista: Minas Gerais no século XIX*. São Paulo: Brasiliense, 1988.

MATTOS, I. R. *O tempo saquarema. A formação do Estado Imperial*. São Paulo: Hucitec, 1990.

MINAS GERAIS. Decreto n. 3.191 de 9 de junho de 1911. Imprensa Oficial, Belo Horizonte, 1911.

MINAS GERAIS. Lei de n. 203, de 18 de setembro de 1896. Imprensa Oficial: Ouro Preto, 1896.

MINAS GERAIS. Lei de n. 439, de 28 de setembro de 1906. Belo Horizonte: Imprensa Oficial, 1906.

MINAS GERAIS. Lei de n. 444, de 3 de outubro de 1906, Belo Horizonte: Imprensa Oficial, 1906.

MOREIRA, D. Relatório. In: Secretaria do Interior e Justiça. Belo Horizonte: Imprensa Oficial. 1905.

PIMENTEL, F. M. Discurso pronunciado na sessão de 6 de julho de 1896 na Câmara Mineira dos Deputados. In: PIMENTEL, F. M. *et al. F. Mendes Pimentel: jornalista e político, professor, jurista*. Rio de Janeiro: Oficinas Gráficas do Jornal do Brasil, 1949.

PINHEIRO, João. Entrevista ao jornal *O Paiz*. In: GOMES, A. C. (Org.). *Minas e os fundamentos do Brasil moderno*. Belo Horizonte: Editora UFMG, 2005. 10-34.

RELATÓRIO DO CONGRESSO AGRÍCOLA, COMERCIAL E INDUSTRIAL DE 1903. *Fundação João Pinheiro: análise e conjuntura*. Belo Horizonte, v. 11, n. 5-6, p. 122-220 mai/jun. 1981.

ROLIM, X. In: *Anais da Câmara dos Deputados*. Belo Horizonte: Imprensa Oficial, 1892.

SALLES, Francisco Antônio de. *Mensagem dirigida ao Congresso Mineiro*. 1904. Universidade de Chicago. Disponível em: <http://wwwcrl-jukebox.uchicago.edu/bsd/bsd/ u2413/index.html>. Acesso em: out. 2010.

SILVA, L. L. ; CHAMON, C. S. O papel dos liceus de artes e ofícios no processo de escolarização do ensino profissional em Minas Gerais. In: IX Congresso Iberoamericano de História da Educação Latinoamericana, 2009, RJ. IX CIHELA: Educação, autonomia e identidades na América Latina. Rio de Janeiro. *Anais...* Quartet, 2009. v. 1. p. 1-15.

SILVA, C. M. N.; FARIA FILHO, L. M. República e educação em Minas Gerais: ação/pensamento de Francisco Mendes Pimentel (1890-1910). *IV Congresso de Pesquisa e Ensino de História da Educação em Minas Gerais*, Juiz de Fora, 2007.

VEIGA, J. P. X. *Efemérides mineiras*. Belo Horizonte. Fundação João Pinheiro, 1998.

VIDA ESCOLAR. *Boletim quinzenal do Grupo Escolar de Lavras*, 1907-1908.

Lendo o *Boletim Vida Escolar*: além do escolar, a vida, naquilo que a constitui

Eliane Marta Teixeira Lopes
Andrea Moreno

Oh! De que modo belíssimo festejariam aqui os pais e mães de família a entrada deste ano, se fizessem hoje promessa solene de não deixar nenhum de seus filhos analfabeto, a fim de que Lavras seja a primeira em nosso estado a se aproximar do exemplo invejável da cidade de Genebra![1]
(BVE, ano I, n. 17, p. 1, 1/1/1908.)

Tão grande, rico e formoso país, como é o Brasil, certamente nos foi dado para fazermos dele uma nação feliz, adiantada e poderosa. Com a inteligência e com o trabalho, dirigidos pela instrução popular, cumpriremos esse imperioso dever. E porque urge ganhar o atraso que levamos na caminhada para o progresso, não podemos perder tempo, se quisermos alcançar os povos, que avançam triunfantes na vanguarda da civilização.
(BVE, ano II, n. 22, p. 4, 15/5/1908.)

O cenário

Lavras é uma cidade situada no Campo das Vertentes, em Minas Gerais. No século XVIII, chegaram ao lugar catadores de ouro que criaram o Arraial de Sant'Ana das Lavras do Funil. Mas o ouro em Minas Gerais

---

[1] Para facilitar a leitura, nos trechos do *Boletim Vida Escolar*, usamos a grafia corrente.

decepcionava, e a agricultura e a pecuária foram fazendo a subsistência da região e seus moradores. Em 1868, Lavras obteve sua emancipação política e administrativa.

Em inícios do século XX, em 1908, o *Boletim Vida Escolar* descreve a cidade:

> A cidade de Lavras está edificada em um espigão de suave declive, que se dirige de sul a norte e é ladeada por dois córregos, que se perdem no Ribeirão Vermelho. Tem 903 metros de altitude e fica a 21° 17' de latitude sul e 1° 52' de longitude oeste, sendo de 7 m e 28 s a diferença da hora em relação ao meridiano do Rio de Janeiro. Pode-se calcular em 5.000 habitantes, sendo o elemento estrangeiro quase todo de origem italiana.
>
> A cidade possuía 7 praças, 28 ruas e 8 travessas. Seu ponto mais importante era a praça municipal, no centro. As ruas têm placas denominativas, quase todas possuem passeios e as principais são servidas por passeios cimentados. As ruas principais possuem bem cuidada arborização; a Praça Municipal está sendo ajardinada com muito gosto; a Praça Barão de Lavras tem um belo jardim.
>
> O clima de Lavras é temperado, ameno e salubérrimo. Devido à colocação descampada, a cidade é varrida pelos ventos mais constantes E e NE, que geralmente reinam nos meses de abril a julho. A temperatura fica em torno de à sombra 18,35 °C máxima, 22,85 °C; mínima, temperatura máxima do calor, 29,0 °C; temperatura mínima do frio, 8,5 °C.
>
> Desde 1893 é a cidade iluminada a querosene por meio de combustores com lâmpadas belgas. Em princípio de 1909 deverá ser inaugurada a iluminação elétrica, tendo começado em 7 de abril de 1908 as obras necessárias a essa instalação. Desde outubro de 1885, de excelente água canalizada. Ademais disso, dispõe a cidade de fontes públicas.
>
> Lavras deve ter presentemente 600 prédios, alguns deles confortáveis e elegantes. Entre os prédios públicos, o do Grupo Escolar, que consta de dois prédios e é o mais espaçoso da cidade; a Casa da Câmara, excelente prédio adquirido por subscrição popular em 7 de março de 1854; o Teatro Municipal, feito por uma associação particular e cedido à municipalidade.
>
> A música é uma arte estimada dos lavrenses, sobretudo das senhoras. Conta a cidade bons professores de música, duas bandas e muitos pianos.
>
> A Casa de Misericórdia, muito vasta e muito apropriada, e a Sociedade São Vicente de Paulo cuidam da assistência pública.

Lavras é servida por correio diário, e sua agência foi instalada em 2 de dezembro de 1834.

É também servida pelas linhas do Telégrafo Nacional e da ferrovia Oeste de Minas. A via férrea Oeste de Minas, que tem para a Estação desta cidade trens diários, é o principal meio de comunicação, constando os outros meios de estradas de rodagem.

Há igrejas para, pelo menos, dois tipos de cultos. Existem a Matriz, construída em 1754, a capela de Santo Antônio, a capela das Mercês, agora inteiramente renovada, a capelinha de São Miguel e o Templo Evangélico, situado na Praça Municipal. Além dessas igrejas, há em construção na rua Direita a nova Matriz, que vai ficar um templo suntuoso.

O cemitério foi feito pelo povo em cinquenta dias sob a direção dos capuchinhos frei Francisco e frei Eugênio. Em 3 de abril de 1853 sepultou-se ali o primeiro cadáver.

Há grande número de casas de negócio: cinco farmácias, dois hotéis, um café e uma confeitaria. É importante o movimento comercial, que não aparenta maior atividade em razão de achar-se descentralizado por diversos pontos. Encontram-se fotógrafos, ourives, relojoeiros, barbeiros, alfaiates, marceneiros, carpinteiros, sapateiros, seleiros, serralheiros, pedreiros, pintores, padeiros, etc., possuindo alguns deles oficinas bem montadas. Há também profissionais liberais. Exercendo clínica na cidade cinco médicos; há três gabinetes dentários e eleva-se a cinco o número de advogados. Em fevereiro de 1887, foi fundado "O Lavrense".

A imprensa é aqui hoje representada pela "Folha de Lavras", fundada em 14 de fevereiro de 1898, pelo "Incentivo" e pela "Vida Escolar".

A cidade é bem provida de víveres, de que há vários armazéns, sendo fácil a compra de frangos, ovos, pão, frutas e hortaliças, que diariamente se oferecem nas portas e o matadouro municipal é bem situado e mantido em boas condições higiênicas, sendo regularmente fiscalizada a matança de rezes.

Lavras é um verdadeiro centro de instrução. Existem aqui os seguintes estabelecimentos com uma matrícula de 800 alunos: Grupo Escolar, composto de oito cadeiras, com o ensino profissional ministrado em oficinas de costura, de marceneiro, de sapateiro e de serralheiro, e com um campo prático para trabalhos de jardinagem e horticultura a inaugurar-se brevemente; Instituto Evangélico, fundado em 15 de janeiro de 1893, compreendendo o Colégio Carlota Kemper, para as meninas, o Ginásio de Lavras e a Escola Agrícola, e possuindo uma seção de ensino técnico representado por oficinas de sapateiro e seleiro, de marceneiro e carpinteiro, de

> tipografia e encadernação; Colégio Lavrense, estabelecido em 15 de janeiro de 1899, que possui três cursos – primário, secundário e normal, sendo este equiparado à Escola Normal do Estado; Colégio de N. S. de Lourdes, para meninas, aberto em 6 de março de 1900 (BVE, ano II, n. 30, p. 3, 15/9/1908).

É nesse cenário, entre córregos, praças, ruas e travessas, jardins, clima ameno, iluminação a querosene, água encanada, teatro municipal, bandas, igrejas e cemitério, jornais, além de cinco farmácias, dois hotéis, um café e uma confeitaria, que está o Grupo Escolar de Lavras.

Ali estão também fotógrafos, ourives, relojoeiros, barbeiros, alfaiates, marceneiros, carpinteiros, sapateiros, seleiros, serralheiros, pedreiros, pintores, padeiros, médicos, dentistas e advogados e um diretor de escola: professor Firmino Costa. Além de diretor, editor do *Boletim Vida Escolar*, esse periódico se destina a "prestar informação sobre o movimento de instrução deste município e a dar notícias que interessem ao progresso de Lavras" (BVE, ano I, n. 1, p. 1, 1/5/1907) e nasce em 1º de maio de 1907 e vive até 15 de novembro de 1908.

Já no primeiro volume deixa claro: seu objetivo é fazer com que Lavras seja conhecida e apreciada por todos os *homens de valor* (BVE, ano I, n. 1, p. 1, 1/5/1907). Assim, mais que relatar as notícias do grupo escolar do qual era diretor, Firmino Costa fala da vida em Lavras: não de qualquer forma de viver, mas do bem-viver, do bem-falar, do bem-instruir, do bem-apresentar-se, do bem-morar, do bem-querer. Fala de acontecimentos, quase sempre exemplares, e de desejos, também admiráveis: vai, assim, produzindo uma memória de "seu" Grupo e da cidade.

Como dissemos, o *Boletim Vida Escolar* mostra-nos, além do escolar, a vida mesmo, naquilo que a bem constitui. Duas questões parecem emergir com muita força: primeiro é preciso educar e ser educado, e para isso "Lavras é um verdadeiro centro de instrução!".

Além disso, é preciso que o corpo (e tudo que o constitui) revele isso. Posados para uma fotografia, alunos, professores, todos precisam mostrar-se. E mostrar-se bem: é essa a imagem que o *Boletim* e seu editor desejam perpetuar na memória. Não por acaso Firmino Costa desempenha um duplo papel nesse cenário: dirige o Grupo Escolar, e mais, dirige-o "brilhante e competentemente" e edita o jornal-boletim, que divulga sua tão bem-sucedida direção, que é da escola, mas que é, sobretudo, dele.

Bem viver a vida escolar

Como viver a vida escolar? O que é vivê-la bem? Higienicamente, sem dúvida. Viver bem era sempre do ponto de vista higiênico. Os textos que compõem o jornal, da primeira à última edição, parecem deixar isto claro: algo mudou, algo mudou para melhor, o Grupo Escolar de Lavras e a cidade de Lavras estão no caminho "correto" – do bem, do belo, do saudável, do limpo, do forte e do justo, palavras que nos ajudam a perceber a ampla dimensão do que se compreendia por higiene. "No Grupo Escolar de Lavras há higiene!", dizia Firmino Costa. Higiene parecia compreender, no *Boletim*, um conjunto muito extenso de coisas, inclusive a alegria e a felicidade, o que justificava o desejo do diretor de promover, nas horas não destinadas ao trabalho, atitudes que, segundo ele (ainda que possamos duvidar disso nos dias de hoje), poderiam promover a distração: festas escolares, exercícios militares, corridas, quermesses, excursões... Tudo que poderia "fazer aspirar nesta casa uma atmosfera de alegria e de animação, sentimentos tão apropriados da infância, tão úteis à saúde do corpo e do espírito" (BVE, ano II, n. 20, p. 4, 15/4/1908).

O Grupo Escolar, por seus princípios e seus métodos, estabelece uma comparação entre a velha e a nova educação; entre o bom e o ruim; mostra novos caminhos. Chama a atenção, por exemplo, algumas qualidades dessa "nova escola": deve ser polida, justa, carinhosa, animada, atraente, prática (BVE, ano I, n. 4, p. 1, 15/6/1907). A defesa de uma educação sem (grandes) repressões e maus tratos é feita no jornal por Dona Susanna Alvarenga, uma professora assídua e dedicada:

> O carinho na escola
>
> Alguns professores, educados nos velhos moldes, julgam que o melhor meio para conseguir-se frequência e boa disciplina na escola é castigar fisicamente a criança.
>
> Prova-nos cabalmente esse engano o modo com que os professores antigos eram olhados por seus alunos: com terror e aversão. Sentiam as crianças prazer em falhar na escola, somente para não estarem em contato com aqueles que os maltratavam.
>
> Hoje, porém, o modo de educar, pela quase totalidade de professores, é inteiramente diverso, as crianças tratadas na escola com carinho e delicadeza, acham prazer em frequentá-la e conseguem aprender mais.

> Se ignoram qualquer coisa, chegam-se ao professor e pedem uma explicação, na certeza de que serão atendidas com interesse e da melhor vontade.
>
> O menino que em casa está habituado à doçura, chega à escola, encontra o mesmo trato, afeiçoa-se ao mestre e acaba por devotar-lhe sua inteira estima. Aquele que, maltratado pelo pai, recebe carinho na escola, da mesma maneira que o outro ou mais que ele preferirá passar todo o tempo nesse lugar de prazer a regressar ao lar.
>
> Oxalá que todos os professores, compenetrados da sua missão, consigam carinhosamente que as escolas transbordem de crenças, em cujos rostos deixem transparecer as alegrias que lhes enchem os corações pequeninos no tamanho, porém grandes na gratidão pelo bem que recebem.
>
> Susanna Alvarenga – Professora do Grupo (BVE, ano II, n. 28, p. 2, 15/8/1908).

Mas o carinho, elogiado pelos métodos da nova escola, tão estimulado por Firmino Costa deveria ser limitado por razões de saúde e higiene:

> Para agradar aos pais ou por não poder resistir aos encantos de um rostinho mimoso, qualquer pessoa beija uma criança. É um péssimo costume, contra o qual urge abrir guerra de morte. Pelo beijo se transmite a tuberculose. O doente que tosse traz no bigode o bacilo de Koch, facilmente inoculável se há na mão ou na face da criança uma qualquer pequena erosão: o lúpus, que é tuberculose da pele, assim se contagia. Martinez cita o caso de uma menina de três anos, com dois focos lúpicos na bochecha, transmitidos por sua avó, que era tísica. Os ingleses, gente notoriamente prática, já vão fazendo inscrever na fita dos chapéus de seus filhinhos estas palavras: Kiss me not. Assim a moda pegue por cá (BVE, ano I, n. 1, p. 4, 1/5/1907).

A tuberculose é uma doença infectocontagiosa que, de regra, assume evolução crônica. Tão antiga quanto a própria humanidade, foi no início do século XX que ganhou impulso a teoria pasteuriana que permitiu, inclusive, a identificação do bacilo de Koch como o agente biológico causal da infecção pulmonar. As preocupações nacionais com a tuberculose tomaram impulso a partir dos últimos anos do século XIX, no momento em que o país buscava se realinhar no contexto internacional, necessitando para isso "regenerar" a população. Havia um dilema sanitário que visava aos comportamentos da esfera privada tanto quanto aos da esfera pública (Bertolli, 2001). O beijo na face não era certamente uma forma de contágio. Hoje se sabe que o contágio se dá pelas gotículas de escarro eliminadas pelo enfermo quando tosse ou espirra ou mesmo pela poeira gerada pelo catarro expelido, mas no início do século não se sabia muito sobre a doença.

O alerta da escola era procedente. O medo às doenças era fundamentado. Além da tuberculose, eram temidos, e o diretor sempre alertava contra os males, o lúpus, a sífilis, o sarampo, a coqueluche, a coriza, a influenza, a escarlatina, a cárie dos dentes. Não por acaso, em uma cidade ainda com poucos habitantes no início do século XX, havia cinco farmácias e cinco médicos exercendo clínica!

Tanto a saúde quanto os hábitos higiênicos que a fazem mais forte são preocupações constantes de Firmino Costa. O "procedimento" do aluno, um dos pontos observados nas escolas (e ainda hoje) que envolve a disciplina, o bom comportamento, deveria

> [...] abranger também o asseio e o cuidado, que o pequeno tiver com o seu corpo e vestuário. Sim, porque procede mal quem, por exemplo, não traz as unhas aparadas, os cabelos penteados, as orelhas limpas, bem como aquele que anda com a roupa rasgada e suja (BVE, ano I, n. 5, p. 1, 1/7/1907).

A prevenção de doenças, sobretudo, era o que o diretor fazia por meio de artigos de sua autoria ou copiados. Mais uma vez, a nova forma escolar, a nova escola faz contrastes com a antiga, sem luz, sem ar, sem higiene, instalada em sala pequena, escura, mal-iluminada. A nova, agora, atrai pelo conforto, pelo carinho que dali emana, pelas paredes azuis, pelas janelas altas e largas, pelos raios de sol que adentram lateralmente:

> Higiene dos olhos
>
> A importância da função visual é tamanha e de tal modo notória que ninguém desconhece.
>
> Da escola deve o menino sair não só desenvolvido nas suas faculdades de inteligência, como também com preceitos práticos de higiene, capaz de conservar e melhorar a saúde, tornando-se com o vigor físico útil a pátria no trabalho que a engrandece.
>
> Que valor teria um país de cegos, um país de inválidos?
>
> "O olho é o homem", diz um provérbio árabe.
>
> Escapa aos perigos da oftalmia nos primeiros anos da vida, ao chegar a idade escolar depara-se a criança da escola sem luz, sem ar, sem higiene, enfim, novo perigo a vista.

> É dos nossos dias a escola instalada em sala pequena, escura, mal-iluminada, paredes brancas de cal onde os raios de sol reverberam nos olhos da meninada um excesso de luz que ofusca; abundam ainda desgraçadamente os bancos compridos e duros onde se enfileira a criançada, cartas na mão tagarelando o "a b c", no método obsoleto agora deposto, fazendo esforços nocivos à acomodação visual.
>
> Felizmente para a honra do povo mineiro, a escola, que apavora o menino, agora o atrai no conforto que lhe oferece e no carinho que o cerca.
>
> No Grupo Escolar de Lavras há higiene.
>
> Cumpre às esforçadas professoras mostrar aos seus discípulos que não foi por acaso ou simples fantasia que se pintaram com um tom azulado as paredes das salas; que as carteiras têm tamanho diverso e são providas de encosto etc.; que a luz lhe vem do plano lateral esquerdo, mercê de janelas largas e altas.
>
> E como a ação de mestre vai além da escola, perdura na existência inteira do aluno, os conselhos deverão alargar-se.
>
> Se a profilaxia há de ser a medicina do futuro, toda a gente deve conhecer-lhe os conselhos salutares.
>
> Ensine-se na escola que a leitura feita nos trens de ferro, nos bondes, nos carros e outros veículos em movimento obriga a esforços de acomodação e traz em consequência a miopia, advirta-se ao menino que não deverá ler deitado de costas, que, se tem o péssimo hábito de fumar, não cubra o livro de fumo, mostre-se que o livro, impresso em caracteres grandes e nítidos, deve ficar sobre a mesa não horizontalmente mas com certa inclinação de sorte a evitar que a cabeça e o tronco se curvem de modo incômodo e prejudicial – transmitam-se estas e outras noções e ter-se-á feito alguma coisa a bem da higiene do olhos (BVE, ano I, n. 12, p. 1, 15/10/1907).

Outro combate levado a efeito pelo diretor/editor era tanto a denúncia de que as crianças tinham muito vermes (e suas mães, horror a eles) quanto a de que o remédio usado, a santonina, poderia matá-las:

> **A bem das crianças**
>
> Disseram-me que ilustrado colaborador de "O Repórter", de São João del-Rei, profligou em artigo recente o hábito inveterado e nocivo, a administração de vermífugos pelas donas de casa, a crianças que às vezes nem ao menos se acham acometidas de verminose.
>
> Exercendo a medicina em Lavras, onde as senhoras todas leem a "Vida Escolar", quero também, a exemplo do que fez o escritor vizinho, dar-lhes conselhos que visam à saúde de seus filhos.

> Observo diariamente aqui que por qualquer indisposição que uma criança apresente – vômitos ou diarreia, dores de barriga, ranger de dentes, etc. – logo se lhe dá um lombrigueiro, de preferência a santonina.
>
> Dois perigos ao mesmo tempo.
>
> As lombrigas são hóspedes habituais do intestino e quase inofensivos ao seu hospedeiro. Massini, citado por Comby, refere o caso de uma menina de três anos que, de 6 de janeiro ao fim de fevereiro de 1886, expeliu nada menos de 3.000 lombrigas, "sem ter apresentado sintoma algum inquietante". Destes exemplos está cheia a literatura médica, ainda não há muito enriquecida com os casos referidos pelo Dr. Moncorvo Filho em conferência dedicada às senhoras cariocas.
>
> As senhoras lavrenses, como as senhoras de toda parte, que eu conheço, com a sua fobia pelos vermes prejudicam duplamente o filhinho doente: por qualquer desvio da saúde santonina e mais santonina!
>
> Deixam evolver sem tratamento uma moléstia que nada tem com a verminose intestinal e intoxicam o organismo do doentinho.
>
> Com efeito, a santonina é um veneno: Binz refere que uma criança de 5 meses, depois de tomar 0,026 g dessa substância, apresentou acessos eclâmpticos; Bouchut e Le Gendre desaconselham o remédio nas crianças menores de 2 anos.
>
> Sem negar que os vermes possam ocasionar algum mal, excepcionalmente sério, aqui deixo às minhas conterrâneas um aviso que só poderá trazer benefícios à saúde de seus petizes (BVE, ano I, n. 17, p. 1, 1/1/1907).

A vacina não era um programa de saúde pública, mas "a nosso conselho muitos do Grupo têm ido vacinar-se em casa do Sr. Dr. Zoroastro Alvarenga, que se prontificou a prestar mais este serviço a Lavras" (BVE, ano II, n. 20, p. 2, 15/4/1908). Para ele, cabe por enquanto à escola o principal papel na proteção da infância. Mas essa proteção não deveria circunscrever-se à sala de aula: à rua e ao próprio seio da família convém levar as noções de higiene. Firmino Costa, certo de que "a profilaxia era a medicina do futuro", chama a atenção de todos os sujeitos escolares, pois a prevenção e o exemplo deveriam partir dos professores: "Mas, tratando-se do aluno, não se deve deixar esquecido o professor. Este precisa de conservar-se forte para bem desempenhar seus deveres" (BVE, ano II, n. 20, p. 3, 15/4/1908).

Para propagar a higiene, levá-la às ruas e às casas, Firmino Costa desejaria que houvesse inspeção sanitária nas escolas, que os alunos passassem por exame médico antes de se matricularem e que se concedesse uma verba para remédios aos meninos pobres e doentes. "A infância precisa ser mais protegida, quer contra a ignorância quer contra as moléstias" (BVE, ano II, n. 20, p. 3, 15/4/1908). Ao que parece, isso se juntou a tantos outros desejos do diretor para o bem-estar das crianças e sucesso do Grupo Escolar.

Assim, como se viu, a saúde, de maneira geral, era uma preocupação do professor Firmino Costa. Ou seria mais correto dizer a doença? São várias as notícias do adoecimento de professoras e de alunos e, mesmo que na notícia não seja esclarecida de que doenças padeciam, fica o registro de que havia doença.

O editor/diretor relata em várias edições os pedidos de afastamento, as substituições e o desarranjo que tudo isso causava no Grupo, pois ficava em questão a possibilidade do seu funcionamento. O adoecimento de professoras que hoje é objeto de estudos já está posto no início do século XX.

Citamos o caso da professora Dona Maria Sarty e os desdobramentos que sua licença para tratamento de saúde provocaram no âmbito do Grupo Escolar.

> Infelizmente a professora D. Maria Sarty, devido a grave incômodo de saúde, se acha agora impossibilitada de reger sua cadeira. Por esse motivo ela requereu um ano de licença, e obteve um mês do Inspetor Escolar, ficando como substituta D. Judith Pádua. Outra professora, D. Victória de Paiva, está em gozo de licença concedida pelo Inspetor, que nomeou para substituí-la d. Isaura Alvarenga.
>
> De acordo com as razões expendidas a Vossa Excelência, que se dignou aceitá-las, designei como professoras substitutas do Grupo, sem ônus para o Estado, D. Isaura Alvarenga e D. Judith Pádua (BVE, ano I, n. 6, p. 2, 15/7/1907).

Em dezembro, o diretor faz o Relatório e apresenta as faltas ou as ausências de todos(as) funcionários(as), e Dona Sarty continua trazendo problemas:

> Desde a instalação do Grupo, em 13 de maio deste ano, até 15 de novembro, fim do segundo semestre letivo, foi a seguinte a frequência do pessoal deste estabelecimento: diretor, professora Dª Maria das Dores Pinto, servente e porteiro, nenhuma falta; professora Dª Ignez Cavazza, 3 faltas justificadas; professora Dª Victoria Maria de Paiva, 5 faltas justificadas; professora Dª Alda de Moura Carvalho, 8 faltas, das quais 6 justificadas; professora Dª Susanna de Rezende Alvarenga, 8 faltas, sendo 4 justificadas; professor Jacintho Pereira

de Almeida, 11 faltas, sendo 4 justificadas pelo inspetor escolar e 7 dadas por motivo de luto pelo falecimento de seu pai; professora Dª Rosalina Augusta Ferreira, 14 faltas, entre as quais 3 justificadas. A professora Dª Maria Magdalena Sarty está licenciada desde 4 de junho, e não deu antes da licença nenhuma falta. As 49 faltas verificadas foram devidamente preenchidas, não tendo deixado de haver aulas.

De 13 de maio a 15 de novembro teve o Grupo o seguinte movimento de licenças: a professora Dª Victoria Maria de Paiva esteve de licença desde 22 de maio a 21 de julho, substituída por Dª Isaura Alvarenga; a professora Dª Maria Magdalena Sarty está licenciada desde 4 de junho, tendo gozado até 31 de julho licença obtida do senhor inspetor municipal e desde 1º de agosto licença de seis meses dada pelo senhor secretário do interior, substituída primeiramente por Dª Judith Pádua e no presente por Dª Isaura Alvarenga; a professora Dª Rosalina Augusta Ferreira esteve licenciada de 1º a 19 de outubro, sendo sua substituta Dª Zulmira de Souza; a professora Dª Alda de Moura Carvalho gozou de licença desde 1º a 21 de outubro, substituída pelo Sr. José Bento de Oliveira Coelho. Todas as licenças foram concedidas por motivo de moléstia. A substituta Dª Isaura Alvarenga deu 2 faltas, e a substituta Dª Judith Pádua, 19 faltas (BVE, ano I, n. 16, p. 3, 15/12/1907).

* * *

A primeira escola, do sexo feminino, foi designada para a professora Dª Maria Magdalena Sarty, que por doença se acha licenciada desde 4 de junho, tendo sido como substituta Dª Judith de Pádua, a qual pelo mesmo motivo teve que ser substituída por Dª Laura Alvarenga desde 23 de setembro. Havendo mudado tanto de professora em pouco tempo, é natural que a primeira escola não sobressaísse entre as do grupo, apesar dos esforços da última substituta.

A titular da segunda escola, do sexo feminino, é Dª Rosalina Augusta Ferreira, professora que manteve boa ordem em sua classe e muito fez por executar o programa. Veio infelizmente a adoecer em 14 de setembro e desse dia até 20 de outubro não pode dar aula, o que perturbou um pouco o funcionamento da escola.

As duas classes referidas pertencem ao primeiro ano, ao passo que a da terceira escola, regida por Dª Maria das Dores Pinto, cursou o segundo ano. O aproveitamento desta classe foi extraordinário, devido ao zelo, competência e assiduidade da professora, que no correr do ano não deu nenhuma falta e soube conservar na aula completa ordem (BVE, ano II, n. 19, p. 3, 1/4/1908).

Finalmente o diretor reconhece que a professora Sarty "perdeu sua saúde no magistério [...] pelo muito esforço consumido no desempenho de seu cargo", mas mesmo assim é preciso que se encontre uma solução administrativa, pois os prejuízos existem:

> A professora Dª Maria Magdalena Sarty, que desde 4 de junho está em gozo de licença, continua impossibilitada de reger a cadeira e, ao que parece, não poderá reassumir o cargo. Professora pública desde 1888 e tendo perdido sua saúde no magistério, Dª Maria Sarty é digna de consideração do governo.
>
> Por outro lado, porém, não deixa de prejudicar este instituto a longa ausência da proprietária da cadeira, substituída por quem percebe apenas, com igual trabalho, a metade dos vencimentos.
>
> Seria o caso de aposentadoria, se a lei não a houvesse extinguido. Supressa aquela medida, indispensável em certas circunstâncias, não sei como resolver a dificuldade presente, sem desprezar os interesses de uma servidora do estado, que se invalidou pelo muito esforço consumido no desempenho de seu cargo (BVE, ano II, n. 21, p. 4, 1/5/1908).

Nesse balanço que faz, quase podemos acreditar que o magistério é profissão de alto risco: "Devido aos esforços do corpo docente, apenas três professores puderam atravessar o ano sem pedir licença" (BVE, ano II, n. 21, p. 4, 1/5/1908).

As qualidades das professoras são ressaltadas em diversos números e trechos do jornal: zelo, assiduidade, amor, talento e competência. É o exemplo de dona Susanna de Alvarenga, a qual "preencheu cabalmente seu fim. A hábil educadora tem qualidades apreciáveis para ensinar: alia o amor ao zelo, possui talento e competência, sabe ser justa e enérgica" (BVE, ano II, n. 19, p. 3, 1/4/1908).

Mas a mulher professora, se devota ao ensino suas qualidades, não deve dispersar seus interesses ou sua *devoção.*

> Aí está a primeira das razões por que não concordo que seja professora a mulher casada, cujas obrigações como mãe de família absorvem o melhor de suas energias, tornando-lhe a ocupação escolar um excesso de trabalho.
>
> Eis um problema que, a bem do próprio interesse do estado, reclama solução. São duas funções importantíssimas a de mãe de família e a de professora, que não podem ser exercidas conjuntamente, sob pena de prejudicar a saúde da mulher, impossibilitando-a assim de preencher bem qualquer dessas funções básicas do progresso social.

> Se o regulamento da instrução incompatibiliza o cargo de professor com tantos outros, igual ou maior razão aconselha a fazê-lo com os múltiplos deveres de mãe de família (BVE, ano II, n. 20, p. 4, 15/4/1908).

No entanto, um pouco na contramão da época, defende a educação das meninas.

> Eu me regozijo de ver quando vos interessais pelo futuro de vosso filho e sinto que um nosso amigo comum não pense do mesmo modo em relação à sua filhinha. Ele concorda em que os homens aprendam muito, mas uma mulher, para quê? Entretanto ele acredita que a mulher tem uma alma igual à do homem e sabe que ela irá ser companheira deste, compartilhando na família os deveres domésticos, para cujo desempenho não basta a ignorância. E uma mulher ignorante, sem educação, como poderá fazer feliz a um marido educado?
>
> Qual! O nosso amigo tem olhos e não vê, é preciso que nós dois, para o bem de sua família, abramos os olhos dele à verdade. Tanto o homem como a mulher precisam ser educados, igualmente educados. Se um e outro vão viver juntos, como iguais, por que hão de ser desiguais na educação? (BVE, ano II, n. 29, p. 1, 1/9/1908).

Mas, como dissemos, não basta "ser" higiênico, é preciso que isso seja reconhecido, visto, percebido. É preciso que o corpo revele. Apresentar-se significa mostrar-se. Nesse caso, não apenas mostrar-se, não mostrar-se de qualquer jeito: estar bem significava parecer bem. Por isso, apresentar-se bem era imperativo: as preocupações recaíam sobre a visibilidade do corpo e das vestimentas, mostrando-se bem, limpo e saudável, sem vícios, sem as doenças que afeiam: "Afastado esse perigo, nenhum outro inconveniente mais a não ser a fantasia criminosa dos retardatários, que veem perigos no meio eficaz e inócuo de preservar o povo da morte ou da marca que afeia para sempre o bexiguento" (BVE, ano II, n. 26, p. 3, 15/7/1908).

Para isso, alguns aparatos, rituais e procedimentos eram necessários. São banhos, sabões, roupas brancas, pentear-se – na casa e na escola. "O prédio da frente contém cinco salas, o gabinete do diretor e o toucador para as professoras; o outro prédio, em cujo lado interno há uma grande varanda, consta de cinco salas, saleta de entrada e toucador" (BVE, ano I, n. 1, p. 1, 1/5/1907). Haver um toucador que, como se sabe, é mais comumente chamado de penteadeira, em um lugar especial para as professoras se pentearem ou vestirem, realmente demonstra uma preocupação não só com a higiene delas, mas com sua boa aparência.

Tudo isso demonstra a necessidade de um cuidado de si, mais ainda, um espaço para cuidar de si, que deve ser explícito e percebido. Crianças deveriam aprender sobre o asseio e o cuidado com o corpo e o vestuário, na escola, e estratégias de promovê-los: premiações, quadro de méritos, grêmios de temperança.

> Não é o caso de se formarem nos Grupos Escolares grêmios de temperança, dos quais somente possam fazer parte, guiados pelo diretor, os alunos que não beberem nem fumarem e nem jogarem? Esses grêmios se esforçariam por que os meninos viciados deixassem de o ser, promoveriam conferências contra o álcool, o fumo e o jogo, de modo que toda a escola viesse em pouco tempo a içar livre de tais vícios (BVE, ano I, n. 7, p. 2, 1/8/1907).

A temperança, virtude de quem é moderado, comedido em gestos e atitudes, sóbrio para consumo de alimentos ou bebidas, virtude essencial à saúde, deveria ser estimulada na convivência entre iguais em um grêmio, que excluiria os que não a praticassem. Esse passado frequentemente idealizado pelo presente, em que todos eram puros e bem-comportados, já mostra entre os alunos os que bebiam fumavam e jogavam, meninos viciados...

Cuidados que devem ser aprendidos por ricos e pobres ("A pobreza não obsta ao asseio, que custa pouco mais que sabão e água") (BVE, ano I, n. 5, p. 1, 1/7/1907), alunos e professores, estes últimos que, além de tolerar, precisam refletir sobre suas próprias condutas: "Ainda assim, não exija o professor que o menino proceda como o homem pode proceder, releve certas faltas dos alunos, e não seja muito difícil de contentar-se. Lembre-se o professor, o ideal que ele tão acertadamente nutre, esse, ele próprio ainda não pode atingir" (BVE, ano I, n. 5, p. 2, 1/7/1907).

Disciplina escolar aparece no *Boletim* como algo que abrange múltiplas condutas: do comportamento à aparência. Além de estar higienicamente apresentável, ser pontualmente presente também revelava ser disciplinado:

> É necessário que os pais façam seus filhos virem ao Grupo à hora regulamentar. Chegando os alunos depois da hora marcada, conforme várias vezes lhes explicamos, não terão eles nesse dia entrada nas aulas. Com essa medida o aluno aprenderá desde pequeno a

> ser pontual. A impontualidade é um mal que precisa ser combatido entre nós; ela desorganiza por completo todo o trabalho; ela causa prejuízos e desgostos aos que chegam tarde e aos que ficam esperando: ela é uma grosseria que todos devemos evitar (BVE, ano I, n. 21, p. 1, 1/5/1908).

Recorrentemente o "bom comportamento" precisava ser homenageado, celebrado, reconhecido. São inúmeros os concursos e as homenagens a esse mérito, que, diga-se, não era "natural", mas exigia esforço, aprendizado, rigor consigo mesmo. Em carta, o Sr. Gustavo Penna promete a Firmino Costa:

> Desejo concorrer para as festas do fim do ano escolar, no Grupo que você vai dirigindo com tamanha dedicação e competência. Neste intuito, pretendo mandar cunhar uma medalha de ouro, destinada ao aluno ou aluna, que no correr do ano houver dado as melhores provas de assiduidade e de comportamento.
>
> Propositalmente excluo o que tiver demonstrado mais inteligência, porque esta é um dom natural, tão natural como a plumagem dos pássaros, e consequência, quase sempre, de uma fatalidade atávica. Sempre achei de irracional crueldade humilhar-se a uma criança por ser curta de inteligência. Mas a assiduidade e o exemplar comportamento revelam um esforço e esse merece ser sempre estimulado (BVE, ano II, n. 30, p. 2, 15/9/1908).

Junto à necessidade de ser assíduo, pontual e comportado, a produção de uma memória. É interessante o ritual do registro: fotografias! Elas dão a ver a materialidade da higiene e da disciplina nos corpos e no edifício que esses corpos ocupam: "os alunos deverão ser fotografados, depois de convenientemente dispostos na frente do edifício" (BVE, ano I, n. 13, p. 1, 1/11/1907). São diversos os relatos dos momentos de registro – antes de entrar na escola, nas festas ao saírem do grupo:

> O grupo solenizou a data aniversária da República, o 15 de Novembro, com uma festa escolar, de que vos mandei algumas fotografias. Efetuou-se também no fim do ano letivo uma passeata dos alunos, convenientemente uniformizados. Foi um dos meus cuidados fazer aspirar nesta casa uma atmosfera de alegria e de animação, sentimentos tão apropriados da infância, tão úteis à saúde do corpo e do espírito (BVE, ano II, n. 20, p. 4, 15/4/1908).

Algo muito importante, ainda, era parecer-se feliz. São muitos os registros de que a cidade e o Grupo deveriam buscar a felicidade. Já no seu discurso inaugural:

> Esta extensão região, que por felicidade nos coube como pátria, não pode continuar desconhecida para nós. E é aos professores que, desde a escola primária, incumbe a elevada missão de apresentar as grandezas deste país – um dos mais vastos, dos mais belos, dos mais ricos do globo, e, pode-se acrescentar, um dos mais felizes do mundo. Vários existem mais prósperos, mais poderosos, mais brilhantes que o nosso. Nenhum mais digno, mais rico de fundadas esperanças, mais invejável (BVE, ano I, n. 2, p. 2, 15/5/1907).

Alegria e felicidade que deveriam não só estar no cotidiano da escola, mas sendo seu próprio objetivo:

> Tendo a escola por escopo principal promover a felicidade do indivíduo, deve procurar alegrá-lo, porque a alegria é o principal elemento de felicidade. [...] Por isso, deveriam os professores promover os brinquedos infantis, esses que causam alegria: entre os brinquedos não vulgarizados entre nós, poder-se-iam adotar o futebol para os meninos maiores, o *lawn-tennis* e outros mais. Não é recommendavel a ginástica francesa ou de aparelhos, quais trapézios, barras fixas, etc. (BVE, ano I, n. 7, p. 1, 1/8/1907).

E, por isso, reflete ele ao atentar-se pela "falta de alegria de seu povo", que a Educação Física deveria "desenvolver nas escolas não só os exercícios de ginástica adotados pelo programa, como também certos brinquedos que façam os meninos empregar melhor suas horas vagas" (BVE, ano II, n. 25, p. 1, 1/7/1908).

Nesse aspecto, Firmino Costa sempre alertou (e comemorou ou criticou) para as medidas protetoras da infância e os comportamentos que visassem promover a saúde e a felicidade dos meninos:

> A escola deve ser protetora das crianças, que lhe pertencem quase tanto como os pais. Entre os deveres da escola está principalmente o de zelar da saúde dos meninos, os quais antes de tudo precisam ser fortes para sua própria felicidade e para o bem social. Compenetrado desses princípios, cumpre-nos aplaudir calorosamente duas medidas protetoras da infância, que acabam de ser adotadas na capital da República. Uma delas proíbe que as crianças menores de 12 anos trabalhem como acrobatas em circos e outras casas de diversões; a outra opõe-se a que os meninos acompanhem enterros ou carreguem caixões mortuários (BVE, ano I, n. 10, p. 1, 15/9/1907).

Ser feliz, ser saudável, ser educado são imperativos de um tempo. Na leitura do *Boletim Vida Escolar*, percebemos uma cidade, uma escola e sua gente, projetados, desejados e lentamente construídos. Firmino Costa aposta que Lavras pode ser Genebra, cidade em que, segundo o *Boletim*, não há analfabetos e é habitada por pessoas educadas. Para ele, essa Genebra mineira pode ser construída com a ajuda de "seu" Grupo escolar, confiante que é em seus métodos, em suas ações, em sua forma de conduzi-lo. Revelando uma crescente preocupação higiênica, o *Boletim* mostra o panorama de um tempo e ensina como os modos de viver e de educar transformam-se, as sensibilidades se alteram ou, parafraseando Daniel Roche (1998), "as coisas que hoje são banais nem sempre o foram". Condicionados pelas circunstâncias de seu tempo, professores, alunos, pais e mães de Lavras de outrora vão vivendo e sendo registrados e fotografados nesse jornal, que ora lemos, interpretamos, duvidamos, mas que nos aproxima daquela "invenção". Finalmente, há uma razão importante para debruçarmo-nos sobre esse *Boletim* e no que ele nos diz sobre a vida, naquilo que a constitui: "refletir sobre a historicidade do que constitui a trama da nossa vida de todos os dias" e assim "compreender a nossa relação com as coisas, a nossa mediação com os objetos e com o mundo" (Roche, 1998, p. 7).

Referências

BERTOLLI FILHO, C. *História social da tuberculose e do tuberculoso (1900-1950)*. Rio de Janeiro: Editora Fiocruz, 2001.

ROCHE, D. *História das coisas banais*. Lisboa: Teorema, 1998.

Cidade, escola e urbanidade na elaboração da relação entre professor e alunos no início do século XX

Cynthia Greive Veiga

Nas duas últimas décadas no campo da história, assistimos ao crescimento do interesse nos estudos sobre cidade e educação, cidade e escola ou mesmo cultura escolar e cultura urbana. Também em tese de doutorado por mim defendida em 1994 (*Cidadania e Educação na trama da cidade: a construção de Belo Horizonte em fins do século XIX*), discuti essa temática e demonstrei a hipótese da presença de dimensões educativas nos projetos urbanos de reforma das cidades, bem como a escola como experiência urbana ou ainda a escola como mediadora entre a *urbs* e a *civitas*. Em outras palavras, buscou-se demonstrar

> [...] na organização da *urbs* e no sentido dado à *civitas* os pressupostos dos colégios e da instrução pública. Enquanto inscritos na experiência da cidade e nas tensões entre "ser feito" e "fazer-se cidadão", o projeto escolar, tal qual o projeto urbano, expressa conflitos no processo de constituição de sua função social, sugerindo a permanente ultrapassagem de sua utopia (de)formadora (Veiga, 2002, p. 233).

Neste estudo, pretendo ampliar as discussões relativas ao tema escola e cidade por meio da análise de conteúdos escolares voltados para a educação dos sentidos e a urbanidade que se apresentaram como importantes para a elaboração de novas relações entre os indivíduos e especialmente entre professor e aluno, como componentes do processo civilizador. Por sua vez, esses novos saberes objetivam introduzir novas rotinas escolares e, portanto, urbanas, o que não se faz sem tensões.

Seguindo a proposta deste livro, a principal fonte documental é o periódico *Boletim Vida Escolar*. Seu editor, Firmino Costa (1869-1939), pretendeu principalmente dar visibilidade à escola na cidade de Lavras,[1] especificamente ao Grupo Escolar, não como uma instituição estranha, mas integrante de uma nova vida urbana. Assim apresenta o impresso:

> Destina-se o presente a prestar informações sobre o movimento da instrucção deste município e a dar notícias que interessem ao progresso de Lavras. Será elle um indicador do desenvolvimento da nossa instrucção, um registro de dados estatísticos concernentes a esta parte de Minas, um repositório de subsídios para a geografia e a história de Lavras, um porta-voz de todos os esforços empregados em prol do adeantamento desta terra. [...] Como se vê, o fim principal desta publicação é tornar conhecido o município de Lavras, para que elle seja devidamente appreciado por todos os homens de valor (BVE, n. 1, p. 1, 1/1/1907).

É de se destacar que, no conjunto de artigos do periódico, temas como a história da cidade, comunicados de festas e comemorações, e homenagens a moradores ilustres são parte da vida escolar, pois os eventos integram a formação cidadã juntamente aos noticiários voltados aos pais de alunos e aos professores. A proposta é fazer da escola e da vida dos escolares uma experiência integrante da rotina da cidade.

Para a organização deste capítulo, desenvolvi três itens; no primeiro a intenção é discutir numa perspectiva mais conceitual a dinâmica da escola na cidade; em seguida, pretende-se demonstrar a elaboração das relações entre urbanidade e civilidade; e, no terceiro item, discutir de que modo novos conteúdos pedagógicos viriam a possibilitar uma relação urbanizada e civilizada entre professores e alunos.

Escola na cidade: no futuro, um passado de alegrias

> Eu quero traduzir nestas linhas as impressões de um amigo: *Vale a pena ser menino em Lavras e freqüentar o grupo.* Si eu quando creança tivesse estado em uma escola assim, conservaria bem diversas

[1] Situada no sul de Minas Gerais, a cidade tem origem no povoamento Lavras do Funil, iniciado por volta de 1729; torna-se vila em 1831 e cidade em 1868 (BARBOSA, 1995). O *Boletim Vida Escolar* registra em 1908 a população da cidade em número de 5 mil habitantes (BVE, ano II, n. 30, p. 4, 15/9/1908).

> recordações de minha infância. Olhe, a vida deve ter mais encantos para aquelles que atravessaram a meninice numa escola como o Grupo. Estas salas, estes recreios, estas officinas, são outras tantas testemunhas do contentamento que sentem aqui os alumnos. Preparando elles para o futuro um passado tão cheio de alegrias, por certo terão, quando se tornarem homens, suave prazer de se lembrar destes dias de hoje em que todos aqui se esforçam por educal-os para a vida (BVE, n. 32, p. 2, 15/10/1908, grifos meus).

Os grupos escolares integraram os símbolos da modernidade urbana pela sua arquitetura imponente, pela racionalidade administrativa, distribuição dos alunos em classes homogêneas e seriadas, presença de professores normalistas e pelos conteúdos pedagógicos oferecidos. Em diversos estados brasileiros, essa nova modalidade de instituição escolar foi apresentada como uma promessa de futuro e prosperidade.[2] É curioso notar que na citação em destaque o autor acrescenta um novo dado: a possibilidade de no futuro haver boas recordações da vida escolar. Também pudera, pois, nas memórias sobre a escola registradas principalmente na literatura, esta se apresentava no passado de modo recorrentemente negativo por meio de diferentes elementos: a palmatória, a pena, o tinteiro, os bancos duros sem encosto, sem falar na expressão de carrasco do professor.[3]

O movimento de maior racionalização dos espaços e das relações humanas, traduzido na melhoria da infraestrutura urbana de modo geral e na tentativa de alteração do trato social pela substituição dos "modos rudes e grosseiros" por "modos civilizados", bem como a alusão a um futuro promissor, é parte de um amplo e longo processo. Norbert Elias (1993) nomeou-o como processo civilizador. Acrescento que a perspectiva de análise deste estudo compreende a escola como integrante desse processo, não é consequência ou exterior a ele.

Em mensagem de boas festas à população de Lavras, tendo em vista o início de 1908, Firmino Costa, em alusão a ausência de analfabetos em Genebra, se expressa:

> Oh! De que modo belíssimo festejariam aqui os paes e mães de familia a entrada deste anno, se fizessem hoje promessa solenne de não deixar nenhum de seus filhos analphabetos, a fim de que Lavras

[2] Sobre história dos grupos escolares no Brasil, ver importante livro organizado por Diana Vidal (2006).

[3] Mais detalhes sobre essa discussão, ver Veiga (2009).

seja a primeira em nosso Estado a se aproximar do exemplo da invejável cidade de Genebra. Para o bem de nossos filhinhos e para a glória desta cidade, vamos todos fazer e cumprir essa promessa, queridos conterrâneos? (BVE, ano I, n. 17, p. 1, 1/1/1908).

Assim, o que se quer discutir aqui é o entendimento da escola como equipamento urbano, ou seja, compreender a história da escola como integrante da história da produção da infraestrutura das cidades. Ainda, é importante evidenciar que, para avançarmos nas discussões sobre as questões da escola há de se problematizar que as práticas escolares são essencialmente práticas urbanas. Alguns estudos da história da educação, de certo modo, chamaram atenção para esse aspecto.

O livro *A reinvenção da cidade e da multidão: dimensões da modernidade brasileira: a Escola nova*, de Carlos Monarcha, provavelmente foi um dos trabalhos pioneiros na discussão sobre escola e cidade. O objetivo do autor é fazer uma análise relativa à ideologia presente no escolanovismo, compreendido como integrante do movimento mais amplo de revisão dos princípios do liberalismo clássico ortodoxo (Monarcha, 1989, p. 16). Com importantes críticas à historiografia da educação que enfatiza as ideias escolanovistas como transplantadas ou "fora do lugar", afirma este movimento na perspectiva da "reconstrução social e regeneração social e moral" em sintonia com os acontecimentos de época.

Nas análises do autor, os educadores reformistas são partes das mudanças da cidade e da vida urbana. Assim, chama atenção para o fato de que esse movimento de ideias dimensiona um tratamento diferenciado aos problemas urbanos, ou seja:

> O escolanovismo brasileiro expressou a emergência de uma nova sensibilidade perante o caos da cidade e da era da máquina, compatibilizando-se com os princípios da economia de mercado: produtividade, disciplina, circulação, procurando homogeneizar a cultura e eliminar os laços pessoais, propondo a construção de uma sociedade aberta, num movimento semelhante a uma revolução de cima para baixo (Monarcha, 1989, p. 24).

Noutro livro, *Escola Normal da Praça: o lado noturno das luzes*, Monarcha apresenta a cidade de São Paulo em fins do século XIX e início do XX entremeada pelas questões da escola e da educação. Tendo em vista as necessidades de mudanças no espaço da cidade, afirma que "[...] a reforma urbana pressupõe a reforma das instituições sociais da época: cadeia, hospício dos alienados, hospitais, polícia urbana e instrução" (Monarcha, 1999, p. 69). Ele apresenta também a instalação da Escola Normal da Praça[4] no período republicano como desenrolar dos acontecimentos e transformações de São Paulo desde a década de 1870. E, principalmente, demonstra como a nova escola se organiza como símbolo republicano e de esperança de uma nova urbanidade a se desenvolver como parte da cidade.

Clarice Nunes, em *A escola redescobre a cidade: reinterpretação da modernidade pedagógica no espaço urbano carioca (1910-1935)*, realiza um original estudo sobre a escola na cidade do Rio de Janeiro. Na perspectiva dessa autora, a cultura citadina está impressa nas instituições escolares, tema até então ainda pouco investigado na História da Educação, pois, de acordo com Nunes, em geral, se ignoram as impregnações da cultura urbana no espaço escolar.

Ela salienta ainda o interesse em estabelecer o contraponto com a cidade de São Paulo, apresentando as especificidades da História da Educação na cidade do Rio de Janeiro e privilegiando a atuação dos educadores como planejadores políticos de uma educação no espaço urbano. Assim, Clarice Nunes (1993, p. 2) discute "[...] a escola como expressão de experiências humanas em tensão permanente, a escola como uma rede de relações sociais que se imbricam e se reelaboram. [...] Nosso objetivo foi o de captar a especificidade da escola carioca dentro da cultura urbana".

Por meio de uma escrita envolvente, Clarice Nunes e seu leitor passeiam pelo Rio de Janeiro desde fins do século XIX. No caminho encontram-se a escola, sua arquitetura, as propostas pedagógicas, as lições e leituras, os meandros da política, etc. O que se observa pela própria descrição da autora é que, mais que "dentro da cultura urbana", a escola é um de seus fios e compõe a malha urbana. A autora utiliza-se ainda da noção de cultura escolar. Assim afirma,

> [...] trabalhar sobre o entrechoque da cultura escolar com a cultura urbana é partir de um pressuposto teórico: o de que, embora a cultura escolar seja reveladora das práticas culturais urbanas e seja também por elas produzida, possui uma peculiaridade. Esta peculiaridade está

[4] "Escola Normal da Praça, denominação afetiva dada pelos conterrâneos da época à Escola Normal de São Paulo, cujo edifício inaugurado em 2 de agosto de 1894 e destinado a abrigar o Curso Normal, a Escola-Modelo Preliminar 'Antonio de Campos', a Escola-Modelo Complementar e o Jardim de Infância" (MONARCHA, 1999, p. 186).

> inscrita na margem de manobra que se expressa na elaboração, pelos sujeitos da ação educativa, de respostas diferentes daquelas programadas ou previstas por certos agentes e projetos racionalizadores e controladores das atividades escolares. Essa margem de manobra só se revela em táticas circunstanciais quando os sujeitos que sofrem a ação educativa dela se apropriam e modificam o seu significado, o que acarreta a própria remodelação ou recriação da ação em execução (Nunes, 1983, p. 182).

Novamente podemos pensar também sobre a importância de não dissociar cultura escolar e cultura urbana. Buscando o aporte da teoria sociológica de Elias, podemos discutir a ideia de uma cidade que se constitui como figuração de instituições várias interdependentes entre si. Isso nos possibilitaria discutir cidade e educação mais no âmbito de sua mestiçagem que de entrechoques. De acordo com Serge Gruzinski (2001, p. 51), "para apreender as misturas, é preciso começar desconfiando do termo 'cultura', gasto até a sola por gerações de antropólogos, sociólogos e historiadores". Acrescentaria ainda as dificuldades de análise social se tomamos a sociedade como um caleidoscópio de culturas várias.

Uma questão importante a ser refletida é que os sujeitos da escola são os sujeitos da cidade. Na rotina do bairro, dos espaços de lazer, do comércio, das vias de circulação, dos postos de trabalho, da escola, etc., indivíduos e/ou grupos interdependentes entre si perpetuam e recusam normas, elaboradas essencialmente tendo em vista a própria especificidade do nível de interdependência entre as pessoas. Entendo que as normas não são exteriores aos sujeitos, mas produzidas e/ou negadas no âmbito das relações humanas. Capturar o nível de equilíbrio das relações de interdependência dos sujeitos das diferentes instituições urbanas, e mesmo entre essas, é o que nos possibilita dar visibilidade a suas "culturas".

Rosa Fátima de Souza, em *Templos de civilização: a implantação da escola primária graduada no estado de São Paulo (1890-1910)*, analisa a implantação dos grupos escolares no estado de São Paulo e aspectos da cultura escolar.[5] De acordo com a autora, tal acontecimento ocorreu "[...] no interior do projeto republicano de educação popular" (Souza, 1998, p. 15), além de que tais instituições representaram a intenção das elites em adaptar o modelo de grupo escolar a realidade paulista. A discussão sobre cidade e grupo escolar é desenvolvida no segundo capítulo de seu livro na

[5] Souza (1998, p. 19) investiga a cultura escolar na definição de Antonio Viñao Frago.

perspectiva de entendimento da "[...] relevância social dessas escolas nas cidades e a implicação delas na produção e reprodução de práticas culturais urbanas" (Souza, 1998, p. 22).

A autora apresenta o grupo escolar como parte do conjunto de melhoramentos urbanos, tendo como objetivos a disciplinarização e a regeneração social. Sobre os primeiros grupos escolares do interior e capital do Estado, Souza expõe dados relativos ao movimento das cidades e o lugar da escola na vida urbana, enfatizando especialmente o prédio e sua monumental arquitetura. Contudo, para a discussão da cultura e práticas escolares presentes no grupo escolar, a cidade parece não estar mais presente, pois a pesquisa não prioriza desenvolver a relevância da escola na "[...] produção e reprodução de práticas culturais urbanas". Fica a impressão de um pertencimento urbano apenas físico, além de uma escola que não seja ela própria o fazer da cultura urbana.

Luciano Mendes de Faria Filho, em *Dos pardieiros aos palácios: cultura escolar e urbana em Belo Horizonte na primeira República*, investiga a educação pública primária na cidade de Belo Horizonte e a implementação de uma nova cultura escolar[6] por meio da fundação dos grupos escolares. Mais ainda: ele "[...] quer mostrar o movimento da escola que ocorre no interior do movimento da cidade" (Faria Filho, 2000, p. 22). Há de se destacar a especificidade e originalidade desse estudo, tendo em vista ser Belo Horizonte uma cidade planejada e construída para ser a nova capital de Minas Gerais e inaugurada em 1897, sendo o primeiro grupo escolar de 1906.

Também o autor traz significativa contribuição ao discutir o grupo escolar como um dos "[...] momentos da produção do mundo urbano, da cidade" (p. 33), sendo seu enfoque privilegiado as questões relativas à organização do trabalho na sociedade capitalista, ou seja, na cidade capitalista. Contudo, no conjunto do livro, Faria Filho prioriza em sua análise a cultura escolar, como demonstra sua rigorosa investigação documental e discussão conceitual. Assim, as questões urbanas são examinadas brevemente no tema da edificação de prédios, pois, na discussão da vida escolar, a cidade está pouco presente.

Em *Cultura escolar, cultivo dos corpos: educação physica e gymnastica como práticas constitutivas dos corpos das crianças no ensino público de Belo*

[6] Faria Filho (2000, p. 20) também investiga cultura escolar na definição de Antonio Viñao Frago.

Horizonte (1906-1920), Tarcísio Mauro Vago analisa a disciplina escolar Ginástica na confluência entre o urbano e o escolar. Na compreensão do autor, a presença da Ginástica nas práticas escolares tem primado a "[...] correção dos corpos, destacando-se suas relações com a cultura urbana da capital, a instalação da nova ordem escolar, as teorias raciais que circulavam no período" (Vago, 2002, p. 23). Desse modo, a importante contribuição e originalidade dessa pesquisa é articular uma disciplina escolar com a vida urbana.

Por meio de importante pesquisa documental, Vago expõe as regras das edificações dos prédios escolares, sua arquitetura e os preceitos higiênicos como parte do esforço de arquitetar os corpos das crianças. De acordo com o autor, o processo de escolarização no período voltado para a formação do cidadão da república envolvia novos saberes, entre eles aqueles voltados para o controle e cultivo dos corpos, tais como Higiene, Ginástica e Trabalhos Manuais, e para o refinamento de sensibilidades, como a Instrução Moral e Cívica, Urbanidade e Música. Vago demonstra a confluência entre os grupos escolares e a cidade, como é o caso das festas escolares e dos alunos em desfiles nas ruas da capital. Fica evidenciado novamente que não é uma questão de complementaridade, mas de indissociabilidade, pois os apelos para a educação do corpo objetivaram a renovação dos fios da sociabilidade urbana na cidade capitalista.

Somando as diferentes e muito importantes discussões já desenvolvidas, pode-se pensar também numa análise da escola como integrante da cidade, mas investigando sua interdependência em relação a outras instituições e espaços. Assim, captam-se as peculiaridades dessa interdependência e problematiza-se a mestiçagem "cidade e educação", sem perder de vista as especificidades que fazem dos diferentes espaços urbanos, lugares urbanos. Entende-se a cidade como espaço de múltiplas instituições/edificações interdependentes, cujos sujeitos, em suas relações, as produzem como lugares. Viñao Frago desenvolve a perspectiva da concepção de espaço e lugar como elaboração cultural, afirmando: "A ocupação do espaço, sua utilização, supõe sua constituição como lugar. O 'salto qualitativo' que leva do espaço ao lugar é, pois, uma construção. O espaço se projeta ou se imagina; o lugar se constrói" (Frago; Escolano, 2001, p. 61).

Outro autor, Frederico de Holanda (1985, p. 117), nos traz importante reflexão sobre o que denomina de "maneiras espaciais" e refere-se às práticas espaciais que transformam um espaço em lugar, bem como são "estruturadoras de relações entre pessoas, como formadoras de identidades sociais". No âmbito de discussão da história da cidade, não há como fazê-la sem problematizar o processo formador embutido na produção de seus espaços como lugares: praças, edificações de comércio, igreja, habitações, prédios públicos, escola, etc. O mesmo podemos dizer da história da escola e nos perguntarmos do processo de sua produção como lugar de educação/instrução por meio da problematização das relações interdependentes das pessoas: alunos, professores, gestores do ensino, pais, funcionários.

Desde os acontecimentos ocorridos no Ocidente a partir de fins do século XVIII, com destaque para o desenvolvimento industrial e as revoluções liberais burguesas, a cidade foi objeto de planos de intervenção físico-espacial. De acordo com Maria Stella Bresciani (1992), na primeira metade do século XIX, a cidade é problematizada como questão urbana, seu estudo se faz de modo a orientar a solução pontual de problemas, dando início à organização posterior do urbanismo como saber acadêmico e prática política. No mesmo texto, a autora desenvolve o que ela denomina "portas conceituais para o estudo das cidades". São elas: questão técnica; questão social; novas identidades sociais; educação dos sentidos; progresso. Sendo a escola parte da questão urbana, observa-se nesse período uma total identificação entre a produção da cidade como questão urbana e da escola como questão pedagógica.

Como sabemos, também desde fins do século XVIII a ampliação da escola é debatida como necessária para integrar o processo civilizador. Ainda que com muitas tensões e diferenças entre as nações ocidentais, ao longo do século XIX foi sendo institucionalizada a escola pública, gratuita, obrigatória e leiga, o que demandou intenso debate sobre métodos, disciplinas escolares, material escolar, livros, formação do professor, prédios escolares, equipamentos escolares, etc. As questões pedagógicas também passaram a ser pensadas para resolver questões pontuais, tais como melhoria do desempenho dos alunos, já que o diferencial desta discussão em relação a outros tempos históricos esteve no esforço de produzir a escola como lugar de educação estatal, com ênfase na homogeneização cultural.

No Brasil, apesar de significativo investimento desde o início do século XIX, a escola pública instituída se fez de modo muito precário em razão de uma série de fatores. Ainda assim, organizou-se o ensino normal, o currículo mínimo, buscaram-se métodos alternativos de ensino e houve iniciativas quanto à produção de livros e materiais escolares. Contudo as edificações escolares eram, em sua grande maioria, inadequadas. A partir da década de 1870, ampliaram-se os debates sobre a necessidade de reformas pedagógicas e edificação de prédios. Em fins do século XIX, já na república, em São Paulo e Rio de Janeiro ocorreram importantes renovações no âmbito dos currículos, instituições e edificações escolares (Veiga, 2007b).

No caso específico de Minas Gerais, houve um movimento interessante no processo de instalação dos grupos e de uma nova escola normal, o que veio a ocorrer de modo formalizado durante o governo de João Pinheiro, a partir de 1906. Uma das primeiras notícias da intenção de instalar os grupos aparece no jornal *Minas Gerais*, de 25 de agosto de 1898, o qual noticia a discussão na Câmara dos Deputados de Minas Gerais do projeto n. 409, relativo à criação de grupos escolares no Estado. Em 3 de agosto de 1900, o *Jornal do Povo* comenta sobre um projeto de lei do deputado Raposo de Almeida apresentado na Câmara, que cria uma escola normal na Capital.

Assim, desde então se intensificaram as discussões sobre uma total reforma da escola em Minas Gerais. Em correspondência de 14 de dezembro de 1900 do inspetor da segunda circunscrição literária, Estevam de Oliveira, para o secretário do interior, ele comunica que resolveu tentar no Estado, na cidade de Juiz de Fora, a primeira experiência de grupo escolar. Para isso, o inspetor resolveu reunir duas escolas do sexo feminino, a da professora da primeira cadeira, D. Maria Kneipp, com a da segunda cadeira, D. Augusta Guimarães. O grupo ficou sob a inspeção e direção do próprio inspetor, sendo as matérias divididas para cada professora. Quanto à escrituração, D. Augusta ficou encarregada do ponto diário, e D. Maria, dos mapas, boletins e da matrícula. A inauguração oficial foi em 10 de janeiro de 1901, com matrícula de 70 alunos instalados em prédio do Estado.[7]

O inspetor da primeira circunscrição literária, Albino José Alves Filho,[8] comenta o trabalho do inspetor Estevam de Oliveira de organização dos grupos escolares, enfatizando a importância da nova instituição, e outros inspetores reafirmam a necessidade da introdução dos grupos escolares em todo o Estado, como José Mansos Pereira Cabral (3ª circunscrição) e Tobias Antonio Rosa (4ª circunscrição). Noutro relatório de 1901,

---

[7] Fundo Secretaria do Interior – SI 2746 – Arquivo Público Mineiro.

[8] Fundo Secretaria do Interior – SI 2746 – Arquivo Público Mineiro.

Estevam de Oliveira registra a fundação em 19 de janeiro 1901 do Grupo Escolar de São José de Nepomuceno; de acordo com o inspetor, foram reunidas duas escolas masculinas. O grupo foi dirigido pelos normalistas Archimedes Pedreira Franco e Luiz Ernesto de Siqueira. Estevam de Oliveira comenta sobre várias outras localidades que teriam condições de fundar os grupos escolares. Na documentação de 1902, também podemos verificar cartas de professores que pedem a abertura de grupos escolares.

Em fevereiro de 1902, Estevam de Oliveira foi nomeado por Silviano Brandão como funcionário comissionado para ir aos Estados do Rio de Janeiro e São Paulo para visitar escolas e conhecer a organização do ensino. No seu retorno, o inspetor publica o relatório apresentado ao governo em 3 de agosto de 1902, um importante documento no qual apresenta o que foi observado nas cidades de São Paulo e Rio de Janeiro e expõe suas críticas à organização escolar em Minas, indicando uma necessária reforma escolar, ou seja, a instalação do grupo escolar (Oliveira, 1902). Em 7 de julho de 1904, o jornal *A Gazeta* publica um artigo sobre o relatório do secretário do Interior Delfim Moreira, indicando a necessidade de se estabelecer um sistema de ensino unificado e integrado entre os níveis primário, secundário e superior, e também a necessidade de superar o analfabetismo reinante e reformar a escola normal.

No relatório de Estevam, confirma-se a problematização da escola como questão pedagógica, e, na perspectiva de Bresciani (1992), também nos deparamos com as mesmas questões conceituais da cidade, tais como problemas sanitários e técnicos. Ao descrever a escola normal de Juiz de Fora, o inspetor comenta:

> Funcciona em prédio acanhadissimo, desprovido de salas para recreio dos alumnos, nos minutos destinados a descanso, e de pateos para exercícios physicos, indispensáveis em estabelecimentos de tal natureza. O seu material escolar é deficientíssimo [...] Defeituosissimo, anti-hygienico e anti-pedagogico é o mobiliário escolar, adquirido por compra nos Estados Unidos, sem que precedesse á sua aquisição exame technico de pessoa entendida na matéria (Oliveira, 1902, p. 172).

Para Estevam de Oliveira, era urgente uma reforma da escola normal e da escola primária. Para a fundação da escola, ele dimensiona três concepções: formação de cidadãos sadios e trabalhadores (educação física); formação do caráter (educação cívica e moral); e desenvolvimento mental (educação intelectual). Relatando sobre o Grupo Escolar do Braz como escola modelar de São Paulo, observa:

> Sob a direção do abalizado educador João Pinto e Silva, funciona este instituto de ensino collectivo primário em um vasto palacete, para esse fim especial construído e dotado das mais amplas accomodações. As salas de estudo são feitas segundo prescrições de hygiene escolar [...] Pateos para recreio dos alumnos de ambas as secções; gymnasio para exercícios gymnasticos; salas para trabalho manuais feminis, para trabalhos de modelagem; instalações sanitárias de primeira ordem, e onde se nota rigorosissimo asseio; tudo faz parte deste estabelecimento escolar um instituto digno de admiração, e que já pode attestar á curiosidade ilustrada do extrangeiro, o progresso pedagógico do Brazil, relativo a instrucção primaria (Oliveira, 1902, p. 123).

Sendo parte do movimento da cidade, a escola é lugar de progresso e de futuro, futuro promissor para as cidades que têm os grupos escolares e as crianças que os frequentam. Ainda nas observações de Estevam de Oliveira (1902, p. 122):

> Quem quer que penetre numa sala escolar destes grupos, verá com que physionomia alegre trabalham as creanças, para as quaes não constitue facto anormal a entrada do visitante. [...] De par com isto, com esta fisionomia álacre das creanças, com a movimentação constante das aulas, nota-se a mais rigorosa disciplina.

Urbanidade e civilidade na elaboração de novas relações entre professor e alunos

> Em Urbanidade, o emprego habitual das frases corretas e gentis, em tratamento fino e atencioso, muito concorrerá para a educação que se pretende da criança nessa parte. Boa prática de urbanidade será que os alunos de cada classe sempre recebam a porta da aula a professora que lhes vão fazer qualquer das lições (Mourão, 1962, p. 221).

Esta orientação de 1912 é parte das instruções do currículo da Escola Infantil de Belo Horizonte. Embora nas outras reformas anteriores a disciplina escolar Urbanidade não esteja tão explícita, seu conteúdo é presente nas mais diversas prescrições de conduta, seja do professor, seja do aluno.

O próprio Regimento Interno da Escola Normal da Capital em Minas Gerais (Decreto nº 1982, 18/2/1907) normatizava que as alunas, dentro ou fora da escola, não podem cometer atos que "[...] offendam as disciplina da Escola ou sejam contrários às boas normas de moral e urbanidade" (art. 28). Entre outros exemplos, a associação entre urbanidade e escola nos dá a dimensão dos novos valores a direcionar as relações entre as pessoas nos lugares públicos. A matriz urbana de comportamento social deve ser aprendida na escola, a exemplo de novas atitudes dos professores.

Em comentário sobre o problema da disciplina na escola, Firmino Costa afirma:

> A par com esses meios de despertar a attenção *procure o professor captar a sympathia e a confiança dos alunos. A polidez e a justiça, que devem sempre acompanhal-o o magistério, obterão aquelles fins essenciais à disciplina escolar.* Assim como a grosseria aliena simpatias, irritando ou atemorizando os meninos, *assim a polidez torna-se de bom humor, alegres e pacientes.* [...] este regimen, habilmente executado, seria talvez bastante, se todos os meninos fossem também encontral-o em casa e na rua. Nem sempre sendo assim, deixarão os pequenos frequentemente de aproveitar todo o ensinamento dos professores, para seguir os maus hábitos encontrados fora da escola (BVE, ano I, n. 4, p. 1, 15/6/1907, grifos meus).

A produção de uma matriz urbana de comportamento social está relacionada ao crescimento das cidades, à ampliação de sua centralidade na organização da vida humana e à consolidação do espaço urbano como local de progresso que são acontecimentos cada vez mais presentes na história do Ocidente. Embora, numa longa duração histórica, a concentração urbana fosse bem diminuta em relação à população rural, a partir do século XIX a tendência será cada vez mais ocorrer uma inversão, destacando-se ainda que a vida nas cidades demanda outros equipamentos e serviços não existentes no campo.

Contudo, a escola sempre foi parte da história das cidades, e a cidade era o *locus* principal de circulação da escrita. Le Goff (1998) observa que três espaços dividiam a Paris medieval: o econômico, o político e o universitário. Jean Lebrun (*apud* Le Goff, 1998, p. 29) complementa: "O que significa que, se pensarmos na longa duração, se formos além mesmo do caso de Paris, as funções essenciais de uma cidade são a troca, a informação, a vida cultural e o poder" .

Acresce-se a isso que a cidade é também o lugar do trabalho valorizado. De acordo com Le Goff (1998), na alta Idade Média, o trabalho é menosprezado porque se trata, sobretudo, de trabalho rural; seguindo tradição desde a Antiguidade, e reforçada pelo cristianismo, o camponês é menosprezado, representado como grosseiro e rústico. O autor enfoca que a grande valorização do trabalho se dá na cidade.

> Esta é uma das funções históricas fundamentais da cidade: nela são vistos os resultados criadores e produtivos do trabalho. Todos esses curtidores, ferreiros, padeiros são pessoas que produzem coisas úteis, boas e, às vezes, belas, e tudo isso se faz pelo trabalho, à vista de todo mundo. Inversamente, a ociosidade é depreciada: o preguiçoso não tem lugar na cidade. Soma-se a isso que, a partir do momento em que se desenvolve um movimento escolar num certo número de grandes cidades, o fato de ensinar e aprender contribui para a valorização do trabalho (Le Goff, 1998, p. 49).

Por sua vez, devido ao próprio modo como na Antiguidade foi sendo fixada a oposição cidade e campo, associada à desqualificação do habitante rural como bárbaro e grosseiro, é na cidade que se desenvolve um vocabulário que traduz expectativas de comportamento específico de seu habitante, o que será bastante reforçado na Idade Média. Le Goff (1998, p. 124) observa que "os termos relacionados à cidade denotam a educação, a cultura, os bons costumes, a elegância: urbanidade vem do latim *urbs*; polidez, da *pólis* grega".

O sociólogo Norbert Elias (2001) desenvolveu estudos relativos às mudanças de comportamento ocorridas no Ocidente desde o século XII como constitutivas do processo civilizador. Ele analisa que, apesar de as cidades terem se destacado como espaços de educação, num primeiro momento foram as cortes reais que se constituíram como matriz de referência de comportamento para um tipo humano exemplar. Na sociedade de corte, desenvolveram-se por meio das regras de civilidade atitudes que alteraram a economia psíquica humana, ou *habitus*, num profuso processo de autocoerção e controle de afetos e emoções em detrimento das formas de coerções externas. Embora os homens de corte fossem principalmente habitantes urbanos e imprimissem essa marca na cidade, sua ligação com a cidade não é a mesma que a dos profissionais urbanos (Elias, 2001, p. 69).

Assim, o deslocamento de uma matriz cortesa para uma matriz urbana determinante dos tipos exemplares e influentes da sociedade se fez numa dinâmica de conflitos; segundo Elias (2001, p. 65),

> [...] a sociedade aristocrata de corte foi suplantada, numa longa disputa, de modo abrupto ou gradual, pela sociedade profissional-burguesa-urbano-industrial. Mas o cunho civilizatório e cultural desenvolvido por aquela sociedade foi preservado, em parte como herança, em parte como antítese, pela sociedade profissional-burguesa, na qual esse cunho característico continuou a ser desenvolvido.

Os habitantes das cidades do século XIX em diante, além da herança do comportamento civilizado desenvolvido anteriormente nas cortes, elaboraram novos modos de vida urbana. As intervenções de gestores, cientistas, artistas, habitantes comuns foram múltiplas, seja do ponto de vista sanitário, arquitetônico, da proliferação de maquinarias urbanas; da produção de novos espaços e redes de sociabilidade; ou mesmo da expressão artística e contestação política. Os redimensionamentos materiais e funcionais das cidades contribuíram definitivamente para que, desde então, as sociedades ocidentais se autodenominassem civilizadas ou, então, vislumbrassem a consolidação de uma sociedade civilizada. Nas cidades, os Códigos de Posturas Municipais ou as regras da boa convivência cada vez mais se apresentavam como fundamental para ordenar a vida urbana.

Nesse aspecto, a escola estatal pública se desenvolve com fator de alteração da própria rotina das cidades. Esse é o caso do Grupo Escolar de Lavras,[9] em discurso de inauguração no dia 13 de maio de 1907, o então diretor Firmino Costa afirma a escola como melhoramento urbano:

> Com a instalação do Grupo Escolar que se realiza nesta data gloriosa, torna-se Lavras um centro de instrução primária, secundária, normal e profissional [...] Vêem assim os meus conterrâneos que pertence propriamente a seus filhos esta casa de educação [...] Começa agora o nosso trabalho: diretor, professores e alunos teem que dar vida a esta casa, teem que corresponder aos elevados intuitos da reforma da instrução, tem de mostrar ao Governo de Minas que a

[9] O Grupo Escolar de Lavras foi o terceiro grupo escolar criado em Minas Gerais (decreto 1968 de 16/12/1906) e instala-se em 13/5/1907; em 27/10/1915 é renomeado como Grupo Escolar Firmino Costa, em homenagem ao seu primeiro diretor. Para maiores estudos, ver Jardel Costa Pereira (2008).

cidade de Lavras é digna deste grande melhoramento (BVE, ano I, n. 2, p. 2-3, 15/5/1907).

Como integrante das mudanças, esteve a produção de uma nova perspectiva na elaboração das relações entre professores e alunos em sintonia com outras iniciativas semelhantes em circulação na época. Ou, nos dizeres do diretor:

> Si frequentemente não se encontram na vida o bem e o justo, na escola eles devem sempre se encontrar, *unindo professores e alumnos em fortes laços de sympathia*, dando a uns e a outros pela confiança no futuro grandioso do Brasil! [...] Constantes e pontuais em sua escola, esforçados e escrupulosos no cumprimento dos deveres, *bondosos e justos para com os alumnos*, confiantes na eficácia da reforma da instrução, os professores deste Grupo hão de procurar fazel-o, sem duvida, digno dos que o crearam e merecedor do acatamento do povo lavrense (BVE, ano I, n. 2, p. 2-3, 15/5/1907, grifos meus).

As mudanças nas relações entre professores e alunos na direção de uma relação cordial fazem parte do processo civilizador. Ou seja, a diminuição do uso da violência física e a busca de alternativas para resolução de conflitos entre eles também foi uma atitude desenvolvida na escola. Desde os jesuítas no século XVI, criticou-se o castigo físico como procedimento pedagógico, com prescrições de situações em que se utilizava de procedimentos disciplinares envolvendo momentos embaraçosos e constrangedores. Ainda assim predominou na escola atitudes de rispidez e descortesia, que podemos observar na documentação e mesmo na literatura.

Porém, em fins do século XIX e início do XX, houve esforço significativo para que a relação entre professores e alunos se tornasse civilizada aos moldes da matriz urbana, referência de comportamento humano. A elaboração de uma nova relação entre as pessoas foi mediada por discussões relativas ao refinamento do trato e desenvolvimento de novas sensibilidades.

No *Vida Escolar*, Firmino Costa exalta as manifestações de carinho e delicadeza como modos de relacionamento fundamental para a alegria de aprender dos meninos:

> Alguns professores, educados nos velhos moldes, julgam que o melhor meio para conseguir-se freqüência e boa disciplina na escola é castigar physicamente a criança. [...] Hoje, porem, que o modo de educar, pela quase totalidade de professores, é inteiramente diverso, *as creanças tratadas na escola com carinho e delicadeza acham prazer*

em frequental-a e conseguem aprender mais (BVE, ano II, n. 28, p. 2, 15/8/1908, grifos meus).

As novas sensibilidades demandam educação dos sentidos. No âmbito dos estudos urbanos, Bresciani (1992) comenta ser a questão da educação dos sentidos uma das portas conceituais de estudo das cidades; o mesmo podemos afirmar para a escola, na medida em que integra a revolução urbana do século XIX em diante. Muitos são os motivos para também problematizar a escola desse tempo histórico como lugar de formação de uma nova sensibilidade ou de uma sensibilidade burguesa, como afirma Bresciani (1992). Entre eles destacamos alguns: desenvolvimento de conhecimentos (biologia e psicologia), que possibilitaram estabelecer diferenças geracionais de modo mais delimitado; consolidação da família nuclear como modelo civilizado de união entre os sexos; consolidação da sociedade industrial-capitalista e da dinâmica competitiva e meritocrática para fixação social. Novas sensibilidades se apresentam como contraponto aos excessos da materialidade, mas também as diferenças constituidoras dos indivíduos - é, antes de tudo, expressão de uma esperada homogeneização cultural.

A demarcação das diferenças geracionais, especialmente entre adultos e crianças, por meio da ciência instituiu novos parâmetros de definição da dependência funcional e social da criança. No primeiro caso, destacam-se as ênfases nos cuidados com a criança a cada fase biológica e psicológica de sua vida e, principalmente, o papel relevante da mãe como responsável por seu trato e zelo. Diferentes periódicos circulam no Brasil em fins do século XIX e início do XX para orientação e conselhos às mães de como lidar com a educação dos filhos.

Este é o caso, por exemplo, de *A Mãi de Família*, que circulou desde o império, editado pelo médico Carlos Costa. É curioso observar as tensões que perpassaram a fixação desta "nova" função feminina,[10] o editor observa:

> Quando a mulher quererá ser só mãi de família?! É difficil! Mas não creio impossivel e é esta fagueira esperança que me anima a continuar na propaganda [...] Se eu for vencido, creio bem, que uma só, uma só mãi ao menos, agradecida dirá: elle lutou... Pois lutemos... (*A Mãi de Família*, 4 ano, n. I, p. 1, 1/1882).

[10] Para maiores estudos, ver Veiga (2004, 2007a).

No caso da dependência social, relaciona-se a ampliação das ações do Estado no sentido de proteção da infância. Enfatizamos assim a escola, pois sua estatização e obrigatoriedade universalizou uma faixa etária da infância como própria do tempo da escola. Uma nova dependência social foi instituída, uma vez que ser ou não escolarizado foi se estabelecendo como regra de inserção na sociedade. Contudo, esse foi um processo tenso, no qual os pais ora ficavam à mercê do Estado para instalação de escolas, ora resistiam e desconfiavam da escola como lugar de educação.

Nas divulgações às famílias sobre a importância da escola pública como fundamental para o futuro das crianças, Firmino Costa faz apelo para que os pais não apresentem resistência a colocar os filhos na escola e convida a todos para visitarem o Grupo. Assim registra:

> Felizmente possue esta cidade o Grupo Escolar, que dá a todos gratuitamente a instrucção primaria, de accordo com um programa vantajoso ao futuro do menino. O Grupo merece por isso a attenção dos paes e das mães de família, e si bem observarmos, é ele estimado pela grande maioria dos alumnos. [...] E não considerem a visita ao Grupo como um simples passeio ou perda de tempo, antes como cumprimento de um dever, como um serviço que prestam aos filhos (BVE, ano I, n. 9, p. 1, 1/9/1907).

Em relação ao desenvolvimento e à consolidação da família nuclear burguesa, tem-se a redefinição dos papéis familiares, com destaque às mulheres, como fator de alteração das relações entre adultos e crianças. Michelle Perrot (1991), ao analisar o caso da França, comenta sobre a autoridade do marido sobre a esposa (desde o Código Civil de 1808) e da sujeição financeira dos filhos em relação ao pai, mas também a elaboração da casa como um lar e refúgio da intimidade. Por sua vez, a criança torna-se o centro das atenções nos aspectos financeiro, educacional e afetivo.

Do ponto de vista afetivo, observa-se uma alteração nos costumes, com diminuição da violência física. Perrot (1991, p. 158) afirma: "Nos meios burgueses, mais que nos aristocráticos, as crianças já não apanham muito em casa. Aqui e ali, subsistem algumas varas e açoites de corda, mas cada vez mais reprovados". Podemos dizer que o movimento dessa época se fez tanto no sentido de conter os excessos de mimos como de coibir a violência contra as crianças, no desenvolvimento de uma economia de afetos característica de uma relação civilizada.

No caso das relações entre professores e alunos, a interdependência criança e adulto é também normalizada pelo Estado. Desde o século XIX, a legislação educacional apresenta-nos um conjunto de procedimentos que visa coibir a violência física contra as crianças, bem como exigir do professor atitudes condizentes com sua função de educador civilizado. O regulamento do ensino primário de 1912 afixava como a base da disciplina na escola "a afeição mútua entre alunos e professores; o exato cumprimento de deveres por parte destes; o interesse que devem despertar as suas lições; a sua dignidade pessoal e correção de maneiras; o exemplo de sua conduta" (*apud* Mourão, 1962, p. 197).

Também a escola deveria ter importante papel no desenvolvimento de novas sensibilidades para a formação dos futuros trabalhadores e cidadãos, dos habitantes das cidades. A criança é tomada como futuro, pois em sua educação se deposita a esperança da nação harmônica e do progresso econômico. A concepção de tomar a criança no seu devir compõe as novas percepções sobre o tempo favorecidas pela dinâmica civilizadora – contenção, antecipação, previsão. A previsibilidade de atos se institui cada vez mais como parte do ordenamento humano do século XIX em diante – o(a) filho(a) criança será alguém quando crescer.

Conteúdos para a formação de uma nova sensibilidade

Novos conteúdos foram pensados para a educação das crianças como integrante das mudanças em curso. Podemos destacar: Instrução Moral e Cívica, Exercícios Físicos, Trabalhos Manuais, Música Vocal. A temática da formação de sensibilidades esteve presente de modos distintos na história ocidental, como é o caso da época da formação das cortes e, principalmente, no Romantismo, porque o gosto, a estética, o belo e o sublime são expressões marcantes no contexto em que o controle sobre as paixões se torna cada vez mais modelo de conduta social, homogeneizando determinados grupos sociais e excluindo e marginalizando outros.

Norbert Elias (1993) assinala que o desenvolvimento da autocoerção e o menor aprisionamento às paixões foram fatores que contribuíram para a restrição das pessoas na satisfação imediata de seus desejos. Desse modo, parte das tensões e paixões antes liberadas de modo mais direto entre um indivíduo e outro é cada vez mais elaborada no interior humano. A formação de novas sensibilidades se relaciona a essa nova necessidade.

> A vida torna-se menos perigosa, mas também menos emocional ou agradável, pelo menos ao que diz respeito à satisfação direta do prazer. Para tudo o que faltava na vida diária um substituto foi criado nos sonhos, nos livros, na pintura. De modo que, evoluindo para se tornar cortesã, a nobreza leu novelas de cavalaria; os burgueses assistem em filmes a violência e a paixão erótica. Os choques físicos, as guerras e as rixas diminuíram e tudo o que as lembrava, até mesmo o trinchamento de animais mortos e o uso da faca à mesa, foi banido da vista ou pelo menos submetido a regras sociais cada vez mais exatas. Mas, ao mesmo tempo, o campo de batalha foi, em certo sentido, transportado para dentro do indivíduo (Elias, 1993, p. 203).

Razão e sensibilidade, estética, o belo e o sublime foram temáticas na qual se debruçaram diferentes filósofos,[11] e a questão da educação dos sentidos se apresenta na mesma época como um modo de se formar o senso moral. Na perspectiva kantiana, o interesse pela beleza natural, por exemplo, é sinal de boa alma, de boa moral, pois beleza é um símbolo de moralidade (Kulenkampff, 1998).

Outro filósofo, Jean-Jacques Rousseau, apresenta a educação dos sentidos como um método de desenvolver bons sentimentos. Emilio, personagem da obra de mesmo nome, antes de ter lições verbais, é estimulado a apreciar a natureza pela exploração dos sentidos. No entendimento de Rosseau (1992), deixar o menino ser menino antes de ser homem esteve associado à necessidade de produzir condições para a criança explorar seus instintos e sentidos. Somente conhecendo a si mesmo terá condições de conhecer o outro e desenvolver afeição, condição prévia para o estabelecimento de atitudes moralizadas, por meio do equilíbrio entre razão e sensibilidade ou entre o querer e o poder.

Também Johann Pestalozzi acentuou a importância da educação dos sentidos. Nas *Cartas sobre educação infantil*, Pestalozzi defende a educação corporal para exploração das habilidades manifestadas pelos sentidos humanos como caminho para a educação moral ou, ainda, para predispor a alma para nobres impressões. Vários educadores seguiram o mesmo pensamento.

---

[11] Destacam-se, entre vários outros autores, Alexander Gottlieb Baumgarten (1714-1762); Immanuel Kant (1724-1804); Edmund Burke (1729-1797); Friedrich von Schiller (1759-1805).

No Brasil, a temática da formação das sensibilidades e as disciplinas Instrução Moral e Cívica, Exercícios Físicos, Trabalhos Manuais, Música Vocal possuem forte apelo desde o fim do século XIX. Tomaremos aqui o modo como aparecem em Minas Gerais, na época da instalação dos grupos escolares, no Decreto nº 1947, de 30 de dezembro de 1906, que aprova o programa do Ensino Primário. A presença de novos conteúdos nas primeiras quatro séries escolares voltados para formação do caráter e cuidados com o corpo integra a elaboração da matriz urbana de comportamento nas cidades republicanas. Vejamos a distribuição dos conteúdos nas quatro séries de cada uma das disciplinas.

Quadro 1 – Programa da disciplina Instrução Moral e Cívica

Primeiro ano	Segundo ano	Terceiro ano	Quarto ano
Conversas em estilo familiar de conteúdo que inspire amor aos pais e à pátria; caridade; verdade e obediência de modo a despertar aversão à mentira e à deslealdade. Narração de fatos históricos ou familiares exemplares de conduta virtuosa, de atos de gratidão, coleguismo, respeito. Os deveres do menino na escola, na rua e em casa.	Leitura de historietas morais e atos de civismo como modelos para incutir sentimentos nobres. Aconselhar assiduidade à escola, aversão a jogos de azar e diversões prejudiciais à saúde. Ensinar função das autoridades locais, obediência às leis, respeito a monumentos, jardins e edifícios públicos. Condenação a atos selvagens de maltratar animais e destruir plantas; aversão ao furto, à embriaguez e ao fumo.	Regime republicano na América; Constituição; populações; comemorações cívicas; estudo da constituição republicana e memorização do artigo 72 (Declaração de Direitos).	Federalismo; formas de governo; poderes constitucionais; cidadão e direitos de eleitor; dever de defender a pátria; exército e armada; estado de sítio; dever de hospitalidade.

Fonte: Decreto n. 1947, 30/09/1906.

No caso do Grupo Escolar de Lavras, Firmino Costa faz a seguinte afirmação:

> Conforme o programma a organizou, é a aula de instrução moral e cívica um meio poderoso de educação. A meu juízo, *deve o professor adaptar essa aula a sua cidade*, combatendo de preferência os vícios e defeitos alli existentes, a bem de promover a elevação do seu meio social (BVE, ano II, n. 19, p. 4, 1/4/1908, grifos meus).

Sobre a Educação Física, também o *Boletim Vida Escolar* apresenta questões. Firmino Costa chama atenção para os esforços do governo português em propor um amplo projeto para essa disciplina escolar e sugere que o governo do Estado tome conhecimento não somente desta como de propostas de outros países, e também propõe a contratação de profissionais estrangeiros, sobretudo suecos, para serem instrutores de ginástica e brinquedos. Assim argumenta:

> Achamos excusado fundamentar a idéia que ahi offerecemos ao ilustre sr. Secretário do interior, tão plausível nos parece ella. Basta attentar na falta de alegria do nosso povo, que não sabe divertir-se, para querermos desenvolver nas escolas não só os exercícios de gymnastica, adotados pelo programa, como também certos brinquedos que façam os meninos empregar melhor suas horas vagas (BVE, ano II, n. 25, p. 1, 1/7/1908,).

Entretanto, no programa oficial, embora combinadas as atividades de brinquedos, ginástica e exercícios militares, não há melhor detalhamento de seus conteúdos.

Quadro 2 – Programa da disciplina Exercícios Físicos

Sexo	Primeiro ano	Segundo ano	Terceiro ano	Quarto ano
MENINOS	Brincar em liberdade no pátio. Realizar movimentos e marchas militares de acordo com regras militares.	Mesmo programa, com aperfeiçoamento das evoluções militares.		Brincar em liberdade, saltando e correndo. Fazer evoluções militares ao critério do instrutor que, neste período de ensino, deve ter completado todas as evoluções da educação militar.

Sexo	Primeiro ano	Segundo ano	Terceiro ano	Quarto ano
M E N I N A S	Brincar em liberdade no pátio. Fazer exercícios musculares de extensão e flexão.			

Fonte: Decreto n. 1947, 30/9/1906.

Por sua vez, causa-nos estranhamento a presença de evoluções militares para crianças – o que também nos dá pistas para problematizarmos a especificidade das distinções de gênero e geracionais produzidas na época e a expectativa sobre as condições dos meninos como pequenos militares e defensores da pátria. Outra questão seria mesmo a permanência da tradição da associação entre exercício físico e treinamento militar e também o pouco progresso de estudos de uma educação física específica para crianças.

Em relação ao ensino da música, o programa se estrutura da seguinte forma:

Quadro 3 – Programa da disciplina Música Vocal

Primeiro ano	Segundo ano	Terceiro ano	Quarto ano
Solfejo; hinos ou outras músicas de coro.			

Fonte: Decreto n. 1947, 30/9/1906.

As disciplinas Moral e Cívica, Exercícios Físicos e Música se apresentam como integradas à cidade na medida em que seu principal objetivo é formar o indivíduo urbano, o cidadão, o habitante da cidade, com conhecimentos das regras de boa convivência social, de seus direitos e deveres e também na educação das emoções. Pelas proposições apresentadas, buscou-se tal formação numa perspectiva de associação da educação do corpo e do caráter. Na análise da dinâmica da relação entre professor e alunos, isso implicou o redimensionamento das formas de trato entre adultos e crianças, com possibilidades de desenvolvimento de relações mais afetivas.

A exposição na cidade das novas atitudes formadas na escola teriam, nas festas escolares, um importante momento de demonstração, como é o caso da comemoração do 15 de Novembro, assim divulgado:

> Amanhan, data gloriosa da proclamação da República, os alumnos do Grupo sairão em passeata, ao meio-dia, com o seguinte trajeto: da rua Direita à travessa Santo Antonio, e dahi à praça do mesmo nome, donde descerão a rua Santo Antonio até a travessa do rosário, e desta à Praça Municipal, que percorrerão, e onde haverá exercícios militares dos meninos sob as ordens de seu instrutor commandante Sant'Ana, regressando depois ao Grupo, cujo edifício ficará franqueado ao publico (BVE, ano I, n. 14, p. 2, 15/11/1907).

Já no caso da disciplina Trabalhos Manuais, embora realce diferenças de gênero, há em comum para ambos os sexos o desenvolvimento do hábito pelo trabalho sistemático e regular. Esse é um programa integrante das sociedades industriais capitalistas, em que o trabalho, as profissões, o dinheiro e a competitividade se desenvolveram como novas condições de inserção social e sociabilidade urbana. O *Vida Escolar* registra a seguinte concepção de ensino profissional:

> Entre os muitos serviços que os grupos escolares vão prestando ao povo mineiro, está o ensino profissional. Em extremo animador é o progresso que já se nota nos aprendizes do Grupo de Lavras, os quaes, na sua quase totalidade, mostram verdadeira vocação pelos respectivos officios, sendo digno de nota o esforço com que cada um porfia por obter o primeiro logar entre os companheiros. E deste modo a mocidade, vai-se tornando, desde a escola, affeita ao trabalho, essa necessidade da vida que enobrece, que dignifica o caracter de um povo e eleva o homem, além de proporcionar-lhe uma existência isenta de vexames e privações, tranqüila e independente (BVE, ano II, n. 26, p. 3, 15/7/1908).

Quanto às diferenciações entre os fazeres femininos e masculinos, para as meninas as instruções da legislação são claras: "Faça-se com que a menina, ao deixar a escola, possa se servir pelas próprias mãos, na execução das peças do vestuário e mais trabalhos communs da vida doméstica, para ser logo útil a si e á família"; quanto aos meninos: "Os trabalhos manuais que se exigem para os rapazes até o 3º ano tem por objetivo habitual-os ao exercício do trabalho methodico, familiarizando-os ainda com peças e instrumentos de que tenham de fazer uso, no curso de Ensino Technico Primário" (Decreto n. 1947, 30/9/1906).

Quadro 4 – Programa da disciplina Trabalhos Manuais

Sexo	Primeiro ano	Segundo ano	Terceiro ano	Quarto ano
MENINOS	Dobrar papel; confeccionar pacotes; aparar lápis, fazer modelagem.	Confeccionar pacotes; dobrar peças de roupa de homem; fazer modelagem; aprender nomenclatura de utensílios e ferramentas da classe.	Conhecer o emprego de utensílios e instrumentos fazer usados na classe; fazer modelagem; primeira aprendizagem dos trabalhos técnicos e profissionais.	Aprender e executar trabalhos técnicos primários.
MENINAS	Dobrar papel e peças de roupa; aprender nomenclatura de utensílios da classe; dar nós; aprender modos de segurar e manejar agulha; alinhavar; fazer primeiros pontos; emendar dois pontos; franzido; confeccionar pacotes.	Pesponto; exercício de marca; preparar pequenas peças de roupa; confeccionar pacotes; cortar remendos; pregar botões.	Cerzir e remendar; cortar e preparar saias e camisolas de crianças; cortar papel formando triângulos e quadriláteros; fazer exercícios com lã e fio em pontos de marca, letras e nomes; cortar papel e papelão, construindo caixas, porta-papéis, porta-carta e estojos triangulares.	Cortar e preparar roupas brancas e demais peças; bordar em lenços e roupas de cama; manejar máquina de costura de pé e de mão; aprender trabalhos domésticos.

Fonte: Decreto n. 1947, 30/9/1906

Porém, no conjunto das novas disciplinas, há também uma esperança de alterar a rotina das famílias e fazê-las enviar os filhos à escola, e desse modo fazer da rotina escolar uma rotina urbana. Na concepção de Firmino Costa, a combinação entre ensino eficaz e relações civilizadas entre alunos e professores é essencial para a frequência escolar: "A escola representada num ensino racional e útil, firmada no amor e na justiça para com os alunos, funcionando em hora apropriada, respirando alegria e conforto, por certo atrairá grande frequência" (BVE, ano I, n. 7, p. 1, 1/8/1907).

Considerações finais

> Só a visão de uma grande cidade onde, sem nada querer, alguém se instrui a todo instante, onde para se conhecer mil coisas novas basta caminhar na rua de olhos bem abertos, essa visão, essa cidade, sabei, é uma escola. [...] Tudo passa depressa. Vêm os interesses, as concorrências as rivalidades [...] E no entanto muita coisa restaria dela se a educação fizesse por reunir os homens com o mesmo empenho que coloca em dividi-los (MICHELET, 1988, p. 117- 178).

Desse modo, o historiador francês Jules Michelet (1798-1874) expressa, em sua obra *O povo*, de 1846, as mazelas das desigualdades sociais e, principalmente, sua crença na possibilidade da existência de uma sociedade harmônica construída por obra da fraternidade humana. Para ele, as classes cultivadas deveriam proteger "[...] os homens de instinto e ação" (MICHELET, 1988, p. 164), de modo que a cidade, por meio da educação, acolhesse a todos, sem distinções materiais.

A pedagogia do final do século XIX ao início do XX também perseguiu o ideal de homogeneização cultural como modo de pôr fins às diferenças socioculturais, "reunir os homens" e fazer com que a meritocracia fosse o único critério de justificativa da permanência das desigualdades. Isso também ocorreu nas reformas urbanas, ou na edificação de logradouros públicos nas cidades como locais produtores de pertencimento urbano e social, entre eles a escola.

No conjunto de transformações urbanas e pedagógicas, ressalta-se o apelo à mudança de *habitus*, na perspectiva de Elias (2001) como alteração da economia psíquica, ou seja, a esperança depositada numa educação praticada por relações de cordialidade, afetuosas, simpáticas, enfim, civilizadas. Isso interferiu fundamentalmente na expectativa de alteração das relações entre adultos e crianças, professores e alunos. Contudo, o processo civilizador se faz em permanentes tensões na medida em que há diferenciais de poder significativos entre os indivíduos e/ou grupos sociais. Não há dúvida de que as propostas empenhadas pelos educadores foram de grandes avanços em relação a outros tempos históricos; contudo, não foram suficientes para atenuar as tensões nas relações entre *urbs* e *civitas*, fazendo prolongar no tempo os limites da utopia formadora da escola nas cidades.

Referências

BARBOSA, W. A. Dicionário histórico-geográfico de Minas Gerais. Belo Horizonte: Editora Itatiaia, 1995.

BRESCIANI, M. S. Permanência e ruptura no estudo das cidades. In FERNANDES, A.; GOMES, M. A. (Orgs.). *Cidade e História: modernização das cidades brasileiras nos séculos XIX e XX*. Salvador: UFBA, 1992.

ELIAS, N. *O processo civilizador: formação do estado e civilização*. Rio de Janeiro: J. Zahar, v. 2, 1993.

ELIAS, N. *A sociedade de corte: investigação sobre a sociologia da realeza e da aristocracia de corte*. Rio de Janeiro: J. Zahar, 2001.

ELIAS, N. *Introdução à Sociologia*. Lisboa: Edições 70, 2005.

FARIA FILHO, L. M. *Dos pardieiros aos palácios: cultura escolar e urbana em Belo horizonte na primeira república*. Passo Fundo: UPF, 2000.

FRAGO, A. V.; ESCOLANO, A. *Currículo, espaço e subjetividade: a arquitetura como programa*. Rio de Janeiro: DP&A, 2001.

GRUZINSKI, S. *O pensamento mestiço*. São Paulo: Companhia das Letras, 2001.

HOLANDA, F. Arquitetura como estruturação social. In: GONZALES, S. *et al. O espaço da cidade: contribuição à análise urbana*. São Paulo: Projeto, 1985.

KULENKAMPFF, J. A estética kantiana entre antropologia e filosofia transcendental. In: DUARTE, R. (Org.). *Belo, sublime e Kant*. Belo Horizonte: Editora UFMG, 1998.

LE GOFF, J. *Por amor às cidades: conversações com Jean Lebrun*. São Paulo: UNESP, 1998.

MICHELET, J. *O povo*. São Paulo: Martins Fontes, 1988.

MONARCHA, C. *Escola Normal da Praça: o lado noturno das luzes*. Campinas: Editora da Unicamp, 1999.

MONARCHA, C. *A reinvenção da cidade e da multidão: dimensões da modernidade brasileira: a Escola Nova*. São Paulo: Cortez, 1989.

MOURÃO, P. K. *O ensino em Minas Gerais no tempo da república*. Belo Horizonte: Centro Regional de Pesquisas Educacionais de Minas Gerais, 1962.

NUNES, C. *A escola redescobre a cidade. Reinterpretação da modernidade pedagógica no espaço urbano carioca/1910-1935*. Tese (Concurso para professor titular) – Universidade Federal Fluminense, Niterói-RJ, 1993.

PEREIRA, J. C. A construção de uma instituição modelar em Minas Gerais (1907-1918). In: VAGO, T. M.; OLIVEIRA, B. J. (Orgs.). *História de práticas educativas*. Belo Horizonte: Editora UFMG, 2008.

PERROT, M. Figuras e papéis. In: PERROT, M. (Org.). *História da vida privada 4*. São Paulo: Companhia das Letras, 1991.

PESTALOZZI, J. H. *Cartas sobre educación infantil*. Madri: Tecnos, 1995.

ROSSEAU, J. J. *Emilio ou da educação*. Rio de Janeiro: Betrand Brasil, 1992.

SOUZA, R. F. *Templos de civilização: a implantação da escola primária graduada no estado de São Paulo (1890-1910)*. São Paulo: Fundação Editora da UNESP, 1998.

VAGO, T. M. *Cultura escolar, cultivo dos corpos: educação física e ginástica como práticas constitutivas dos corpos das crianças no ensino público primário de Belo Horizonte (1906-1920)*. Bragança Paulista: EDUSF, 2002.

VEIGA, C. G. *Cidadania e educação na trama da cidade: a construção de Belo Horizonte em fins do século XIX*. Bragança Paulista: EDUSF, 2002.

VEIGA, C. G. Cultura escrita: representações da crianças e o imaginário de infância. Brasil, século XIX. In: LOPES, A. *et al.* (Orgs.). *Para a compreensão histórica da infância*. Belo Horizonte: Autêntica, 2007a.

VEIGA, C. G. Elaboração de hábitos civilizados na constituição das relações entre professores e alunos (1827-1927). *Revista Brasileira de História da Educação*, n. 21, set.-dez. 2009.

VEIGA, C. G. *História da Educação*. São Paulo: Ática, 2007b.

VEIGA, C. G. Infância e modernidade: ações, saberes e sujeitos. In: FARIA FILHO, L. M. (Org.). *A infância e sua educação: materiais, práticas e representações (Portugal e Brasil)*. Belo Horizonte: Autêntica, 2004.

VIDAL, Diana Gonçalves (Org.). *Grupos Escolares: cultura escolar primária e escolarização da infância no Brasil "1893-1971"*. Campinas: Mercado de Letras, 2006.

Fontes documentais

Fundo Secretaria do Interior (SI)
Inspeção de ensino de 1ª a 5ª Circunscrição SI 2746.

Legislação
Decreto n. 1947, 30 set. 1906.

Boletim
Vida Escolar. Boletim Quinzenal do Grupo Escolar de Lavras. Director Firmino Costa.

Jornais
A Gazeta, n. 25, ano I, p. 1, 7 jul. 1904.
Jornal do Povo, n. 204, ano I, p. 2, 3 ago. 1900.
Minas Gerais, n. 189, ano VII, p. 4, 25 ago. 1898.

Revista
A Mãi de Família, ano IV, n. 1, jan.1882.

OLIVEIRA, E. *Reforma de Ensino Publico Primário e Normal em Minas*. Relatório apresentado ao sr. Dr. Secretário do Interior do Estado de Minas Geraes, em 3 de agosto de 1902. Belo Horizonte: Imprensa Oficial do estado de Minas, 1902.

Os autores

Ana Maria de Oliveira Galvão é graduada em Pedagogia pela Universidade Federal de Pernambuco (UFPE), mestra e doutora em Educação pela Universidade Federal de Minas Gerais (UFMG), é professora da Faculdade de Educação da UFMG, onde atua na graduação e na pós-graduação. Seus interesses de pesquisas concentram-se nas áreas de história da cultura escrita e de história da educação no Brasil. É autora de diversos capítulos de livros, artigos em periódicos e livros.

Andrea Moreno é graduada em Educação Física pela Universidade do Estado do Rio de Janeiro (UERJ), mestre em Educação pela Pontifícia Universidade Católica do Rio de Janeiro (PUC-Rio) e doutora em Educação pela Universidade Estadual de Campinas (Unicamp). É professora adjunta da UFMG e membro do Grupo de Estudos e Pesquisas em História da Educação da Faculdade de Educação (GEPHE) e do Centro de Memória da Educação Física, do Esporte e do Lazer, da Escola de Educação Física (CEMEF). Tem experiência na área da Educação Física e Educação, com ênfase em: história da educação, história da educação física e história da educação do corpo

Bernardo Jefferson de Oliveira possui graduação em Geografia pela PUC-Rio, mestrado e doutorado em Filosofia pela UFMG, com estágio de pesquisa na Harvard University, e pós-doutorado em História da Ciência pelo Massachusetts Institute of Technology. Professor associado da UFMG, participa dos programas de pós-graduação em Educação e em História. Tem experiência na área de Educação, Filosofia e História da Ciência.

Carla Simone Chamon possui graduação e mestrado em História pela UFMG e doutorado em Educação pela mesma universidade. É professora do Centro Federal de Educação Tecnológica de Minas Gerais (CEFET-MG). Tem experiência na área de História, com ênfase em história da educação, e atua principalmente nos seguintes temas: historia da educação brasileira, processo de escolarização em Minas Gerais, mulheres e educação, escolarização e mundo do trabalho, história do ensino profissional, intelectuais da educação, redes de sociabilidades.

Cynthia Greive Veiga possui graduação em História pela UFMG, licenciatura curta em Pedagogia pelo Instituto de Educação de Minas Gerais (IEMG), mestrado em Educação pela UFMG e doutorado em História pela Unicamp. Realizou pós-doutoramento no departamento de História da Universidade de São Paulo (USP).

É professora da Faculdade de Educação da UFMG com atividades docentes e de orientação na graduação e na pós-graduação. Realiza pesquisas em História da Educação e investiga os seguintes temas: escolarização, disciplinas escolares, educação da infância, professores, relações interétnicas, de gênero e classe social na história da escola.

Eliane Marta Teixeira Lopes é graduada em Pedagogia pela UFMG, mestre em Educação pela UFMG e doutorado em Filosofia da Educação pela Pontifícia Universidade Católica de São Paulo (PUC-SP). Fez pós-doutorado na École de Hautes Études en Sciences Sociales, em Paris. É professora Emérita da UFMG e membro do Grupo de Estudos e Pesquisas em História da Educação (GEPHE). Tem experiência na área de Educação, com ênfase em História da Educação, e atua nestes temas: história da educação, psicanálise & história, religião e história da formação de professoras.

Irlen Antônio Gonçalves possui graduação em Pedagogia UFMG, mestrado em Tecnologia pelo CEFET-MG e doutorado em Educação pela UFMG. É professor do CEFET-MG. Tem experiência na área de Educação, com ênfase em História da Educação, atuando principalmente nos seguintes temas: cultura escolar, história dos intelectuais, história da educação profissional, ensino técnico primário, práticas escolares e formação docente.

Juliana Cesário Hamdan possui graduação em Pedagogia pela Fundação Mineira de Educação e Cultura (FUMEC), mestrado em Políticas Públicas e Educação pela UFMG, doutorado em História da Educação pela mesma universidade e bolsista de pós-doutorado do CNPq, na FaE/UFMG, em História da Educação. É professora adjunta da UFOP e pesquisadora em três projetos de pesquisas ligados à história da educação e à formação de professores. Tem experiência profissional em todos os segmentos educacionais e amplo conhecimento das políticas públicas e metodologias de avaliação em larga escala.

Luciano Mendes de Faria Filho possui graduação em Pedagogia pela UFMG, mestrado em Educação pela mesma universidade e doutorado em Educação pela USP. É professor associado da UFMG. Membro da comissão editorial do periódico *Educação em Revista*, participa do conselho editorial de vários periódicos. Tem experiência na área de Educação e atua principalmente nos seguintes temas: história da educação; história da infância; cultura escolar; história da escolarização; intelectuais e educação no Brasil; pensamento social brasileiro e educação.

Mônica Yumi Jinzenji é graduada em Psicologia pela UFMG, mestre e doutora em Educação pela mesma universidade. Pesquisa e leciona principalmente os seguintes temas: história da educação, história da leitura, história da infância, história da psicologia, psicologia da educação, psicologia da aprendizagem e do desenvolvimento.

Este livro foi composto com tipografia Minion e impresso
em papel Chamois Dunas Fine 80 g na Sermograf Artes Gráficas.